中國語文叢稿

李 雄 溪 著

文史哲學集成
文史哲出版社印行

國家圖書館出版品預行編目資料

中國語文叢稿 / 李雄溪著. -- 初版. -- 臺北市：
文史哲,民 88
　面；　公分. -- (文史哲學集成；414)
含參考書目
ISBN 957-549-258-7 (平裝)

1.中國語言 - 論文,講詞等

802.07　　　　　　　　　　　　　　88018312

文史哲學集成　⑭

中國語文叢稿

著　　者：李　　　雄　　　溪
出 版 者：文　史　哲　出　版　社
登記證字號：行政院新聞局版臺業字五三三七號
發 行 人：彭　　　正　　　雄
發 行 所：文　史　哲　出　版　社
印 刷 者：文　史　哲　出　版　社
臺北市羅斯福路一段七十二巷四號
郵政劃撥帳號：一六一八〇一七五
電話 886-2-23511028 · 傳眞 886-2-23965656

定價新台幣二八〇元

實價新臺幣二二〇元

中 華 民 國 八 十 九 年 元 月 初 版

中國語文叢稿

目錄

前　言

　　本書共收文章八篇，其中七篇是近兩年在學術研討會所宣讀過的。依序爲：

1. 設立大專學生離校語文能力評核試的幾點考慮
   香港中國語文教學研討會——從預科到大專(香港，1997年5月)
   原載《香港中國語文教學論集——從預科到大專》(香港：香港中文大學中國語言及文學系，1998年3月，頁97-102)

2. 楊樹達〈詩「對揚王休」解〉質疑
   香港大學中文系七十周年國際學術研討會(香港，1997年12月)

3. 論詞義學習對提高寫作能力的重要性——以「同義詞」、「新詞」爲例
   大專寫作教學研討會(香港，1997年12月)
   原載《大專寫作教學研究集刊》(香港：香港理

工大學中文及雙語學系，1998年6月，頁433-441)

4.　高本漢《詩經》「之」字解質疑

東西文化承傳與創新國際學術研討會(新加

坡，1998年12月)

5.　文字學與語文教育

一九九八國際語文教育研討會(香港，1998年12

月)

6.　港式粵語「好+單音節詞」探析

第七屆國際粵方言研討會(香港，1999年6月)

7.　「有教無類」與現代教育

儒學面向當代和二十一世紀國際學術研討會

(上海，1999年9月)

　　　至於第八篇文章，來源比較特別。它由數篇書

評(皆刊於香港大學亞洲研究中心《東方文化》)改寫

而成。這些書評的對象都是語文工具書，由於有相

同的特點，故將之加以增補，寫成了〈工欲善其事，

必先利其器——讀語文工具書有感〉一文。

　　以上文章，包括訓詁、詞匯、方言、語文教育
等各方面，它們所涵蓋的範圍並不集中。但廣義來
說，都與中國語文有關，因此把本書名爲《中國語
文叢稿》。

　　本書承臺灣文史哲出版社印行，單師周堯教授
題簽，丁善雄教授襄助，謹此誌謝。

李雄溪

一九九九年十一月於嶺南大學中文系

設立大專學生「離校語文能力評核試」的幾點考慮

前言

近年大專學生中文水平日趨下降，政府和社會人士均極表關注。有鑑於此，各大專院校都竭盡所能，希望提高學生的語文水平。設立大專學生「離校語文能力評核試」（以下簡稱「評核試」）就是其中一種考慮。然而，大家對「評核試」有很不一致的看法。例如由大學教育資助委員會贊

助，在一九九七年一月十一日舉行的「提升語文水平」研討會中，學者、大專老師對「出關試」[1]發表了不同的意見：

> 「院校有責任提升語文水平。現時有些學生會中途退出語文課程，因為這些並非學分課程。在這情況下，實行類似出關評審的測試或許會有作用。香港理工大學在這方面做了研究，指出要為不同學科學生訂立基準的困難，研究結果值得重視。再者，實行出關試亦要考慮到政策上的問題。不過，為了要向公眾負責，也為了讓僱主清楚知道畢業生的語文水平，出關試相信是需要實行的。」[2]

> 「有建議指出，出關試可確保大學畢業生達到一定的語文水平，也能使語言教

育者更能對公眾負責。數個討論小組就出

關試牽涉的問題作出了仔細的商議，部分

組員表示對設立出關試有所保留：

—課程、學科、院校之間差異極大，統一的測

試用處不大。即使把測試規限在普通語文能

力、學術語文水平、專業語文水平範圍之內，

測試的重點仍然備受爭議。

—實行出關試的話，便要提供資源協助學生應

付測試。

—必須要有相關的入學測試才能與出關試作出

比較。

—大學擴充學額，學生入學的平均語文水平必

然下降。除非能就語文學習提供更充裕的時間

和資源，否則，為出關試劃一設定一個高的標

準，是不切實際的。

　　　總括而言，設立指引較採用標準化測試更為可行。」[3]

「評核試」是香港大專院校的新嘗試，意見紛紜，自然在所難免，要使大家意見拉近，甚至達成共識，似乎需要反覆討論和研究。

　　嶺南學院(現正名為嶺南大學)於一九九六年成立了語言中心，並擬定了一系列的語文政策，其中規定所有修讀學士學位課程的學生，必須接受中文及英文的離校測試。測試的結果，將列在學生的成績單上，惟學生的畢業成績，與「評核試」並無關係。換句話來說，「評核試」乃獨立運作，而「評核試」的成績僅供僱主參考之用。

　　由於「評核試」在草創階段，其中值得思考

和探討的問題很多，下面僅就「評核試」的內容、評核標準、語文強化課程與評核試幾個範圍，介紹嶺南學院的情況，並提出個人意見，以就正於方家。

評核試的內容

訂立評核試的內容，首先要考慮測試的對象和目標。嶺南學院的評核試，對象為嶺南學院所有畢業生，目標在於測試畢業生的語文水平，並劃分等級，以供僱主參考之用。

進行語文測試，應涉及四方面：聽、說、讀、寫。嶺南學院構想的離校測試，包括書面語和口語兩大部分。書面語測試的內容包括：(1)常用字的理解和運用；(2)常用詞的理解和運用；(3)句子

的結構和運用；(4)閱讀理解和撮要；(5)應用文寫作；(6)認讀和書寫簡體字。第一至第三項屬於現代漢語的基礎知識，目的使學生少寫錯別字，改善用詞不當的情況，並進一步能分辨改正病句。第四項考驗學生閱讀和文字表達能力。第五部分把應用文作測試範圍，原因是我們認爲應用文是日常生活和工作經常使用的文類，是故應用文的寫作是大專畢業生所必須擁有的知識。這部分的重點在於考核學生對應用文的格式和用語的掌握，同時也可測試他們的文字技巧。第六是簡體字的部分，根據筆者的教學體驗，大專學生能夠正確認讀和書寫簡體字的委實不多（中文系學生除外）。隨著九七回歸，中港交流頻繁，商業上、文化上的相互接觸不斷增加，認識簡體字就變得

理所當然。

　　口語測試其實是普通話水平的測試。香港大專學生大部分為土生土長的本地人，測試他們粵語的聆聽及表達能力，雖然也有一定的意義，但相對上來說，普通話的測試實更為切要。普通話作為中國的官方語言，它在香港政權轉移之際，重要性日益增加，已不容置疑。無論從工作的需要，或日常的應用方面看，大專畢業生要學好普通話，是不爭的事實。所以把普通話水平測試歸入中文語文能力評核試的一部分，自然順理成章。這方面的測試包括聆聽和說話兩部分，說話之下再細分為朗讀、說話和會話。朗讀的目的在測試學生發音準確與否，說話和會話旨在測試學生的口頭表達和雙向溝通的能力。

這樣，聽、說、讀、寫四方面都賅括其中了。

評核標準

不同學系的畢業生，專長各有不同，將來工作上的語文要求並不一致。因此，要訂立「評核試」的標準，頗費煞思量。不過，對嶺南學院而言，這問題比容易解決。嶺南學院規模不大，僅有學生二千多人，分爲三個學院：文學院、社會科學院、商學院（自一九九九年取消學院制，以學系爲行政單位）。在三個學院所提供的學位課程中，語文訓練都佔一定的比重。況且，嶺南致力發展爲一所以人文教育爲主的學校，強調全人教育，所以，我們的畢業生，不論來自哪一個學系，都應該具備良好的語文水平。因此，制定學

生離校時語文水平的統一標準，並不存在太大的困難。廣義上而言，我們的標準是要求畢業學生書寫通達流暢的文字，能純熟地用普通話作溝通，以應付在社會工作的一般需要。

　　就書面語的測試而言，現在尚沒有類似的公開考試，故制定這方面的標準並沒有縛束，反而較爲容易。至於現存的普通話公開考試，計有三種，包括香港考試局的水平測試、語言文字工作委員會的三級六等考試、香港理工大學的三級八等考試，標準又有所不同，[4]如果自行制定新的標準，會造成十分混亂的情況。因此，假若有關的機構和院校能協商統一的標準，是最理想的做法，不然的話，彼此的標準也不宜相差太遠，以免造成泛濫無歸的現象。

語文強化課程與評核試

　　在「評核試」正式實行前，院校是否需要提供相應的語文強化課程，也是值得考慮的問題。個人認為，這種需要是肯定的。學院收生時雖設基本的語文要求，但如果沒有相應的語文強化課程，在三年的學習過程中，不同院系的學生，接受語文訓練的機會頗有差異，結果他們在「評核試」中得到的成績也會有明顯的距離，這是我們不願意看到的。

　　我們現在的構想是把強化課程的內容重新訂定。以往學院所提供的中文強化課程種類繁多，包括基礎普通話、中級普通話、高級普通話、商業普通話、普通話會話班、中文商業文書。學院規定中學會考中文科未達C級，高級程度會考中

國文學科未達E級或中國語言及文化科未達C級者，須選讀上列其中一科。爲配合「評核試」的推行，我們把強化課程作了很大的改動，使它更系統化和更具重點。從下年度開始，強化課程只分爲兩大部分，分別爲「普通話」和「現代實用漢語」。前者旨在加強學生普通話的聆聽及口語表達能力，後者旨在提高學生的閱讀及寫作能力。凡不符合上述標準者，需同時修讀「普通話」和「實用現代漢語」。這樣，不但使學生獲得更全面的語文訓練，也爲他們應付「評核試」作好準備。當然，我們所能做到的，是在有限的資源下，盡量開辦相應的課程，以保證學生的語文水平達到一定的標準，並使他們面對「評核試」時，不會感到無所適從。至於是否能夠在「評核試」

取得優良的成績，還要視乎個別學生的語文修
養。「評核試」的設立，除了給僱主一個客觀的
參考外，其實也間接令學生了解語文能力的重
要，從而加強他們學習語文的主動性。從這方面
去看，課外參考資料的編寫與語言自學中心的運
作正好發揮積極的作用。

結語

　　以上所談到的，是十分初步的構想。要建立
一個成功而有公信力的「離校語文能力評核
試」，其他需要考慮的地方很多，諸如資源配合、
試題擬定、評分方法等都是具體要解決的問題，
困難重重是可想而見的。不過，「評核試」既可
顯示大專畢業生的語文水平，以供僱主參考，又

能喚起大專學生對語文的重視，肯定有正面的意

義。對「評核試」的設計和執行，我們惟有花上

更大的心力！

【注 釋】

[1]　「出關試」相等於「離校語文能力評核試」。不

　　過，個人認爲後者名稱似較貼切。

[2]　「提升語文水平」研討會Inga-Stina Ewbank教授

　　演辭，見《提升語文水平》研討會報告書，頁6。

[3]　「提升語文水平」研討會分組討論報告概述，見

　　《提升語文水平》研討會報告，頁7-8。

[4]　詳參胡維堯、韓德志、王仙瀛、張靜梅：〈對香

　　港地區普通話測試的一些看法〉，香港大學普通

　　話培訓測試中心、臺灣世界華文教育協進會主辦

　　「漢語文能力測驗編制研究會」宣讀論文。

楊樹達〈詩「對揚王休」解〉質疑

　　《詩・大雅・江漢》第六章「對揚王休」句《鄭箋》釋曰：「對，荅；休，美；作，爲也。虎既拜而荅王，策命之時，稱王之德美，君臣之言宜相成也。」[1]《疏》曰：「毛以爲上既受賜，今復謝之言，虎拜而稽首，遂稱揚王之德美。」[2]又曰：「《箋》以君臣共語，宜爲應荅，故以對爲荅；休，美。」[3]《箋》、《疏》皆釋「休」爲「美」，對於這一訓釋，歷來注家再沒有提出異議，而以「休」爲「美」，

幾近成爲定說。及近人楊樹達（1885-1956）先生於
1947年發表了〈詩「對揚王休」解〉[4]，提出新的
意見。楊氏首先指出鄭玄(127-200)的訓釋不足取
信，他說：

> 「余按對揚王美，文理膚泛不切，鄭說殆
> 非也。愚疑休當為賜與之義。《詩》文五章言
> 釐爾圭瓚，秬鬯一卣。又云錫山土田，此記天
> 子賞賜召虎之事也。六章云：『虎拜稽首，對
> 揚王休，』此記虎答揚王賜之事也。文字上下
> 相承，至為警策，若訓休為美，則文字鬆懈，
> 全失《詩》文上下相承之理。」[5]

楊氏從《詩》的上下文理解，認爲假訓「休」爲「美」，
則「文理膚淺不切」，「文字鬆懈」。然而，對於

這一觀點，楊氏並沒有進一步的闡釋，這就難免使人感到他的講法帶有主觀的成分。其實，此《詩》五章云「釐爾圭瓚，秬鬯一卣」、「錫山土田」，即天子賜召虎以玉勺、香酒，第六章「對揚王休」，報答稱揚王之美德，上下文互相呼應，怡然理順，似無「膚淺」、「鬆懈」之病。對「休」字的訓釋，我們可以考核一下《詩經》的其他篇章。綜合起來，「休」於《詩》中可作五解：一取「休」之本義，作「止息」解，如《大雅‧民勞》「民亦勞止，汔可小休。」《鄭箋》：「休，止息也。」[6] 二解作「停止」，如《大雅‧瞻卬》：「婦無公事，休其蠶織。」《毛傳》：「休，息也。」[7] 三解作「安」，如《小雅‧雨無正》「巧言如流，俾躬處休。」《集傳》：「使其處身於安樂之地。」[8] 四解作「福」，

如《周頌・絲衣》「不吳不敖。古考之休。」《集傳》：「又能謹其威儀，不諠譁，不怠敖，故能得壽考之福。」[9]五解作「美」，《詩》中「休」訓作「美」，例子甚多，如《豳風・破斧》「哀我人斯，亦孔之休。」《毛傳》：「休，美也。」[10]《大雅・民勞》「無棄爾勞，以爲王休。」《毛傳》：「休，美也。」[11]《商頌・長發》「何天之休。」《鄭箋》：「休，美也。」[12]換句話來說，《詩》中「休」作「賜與」解，找不到其他的例證，而「休」訓「美」，有以上所引《破斧》、《民勞》、《長發》諸篇爲證，特別《民勞》「以爲王休」句，與「對揚王休」近似，而「以爲王休」上承「無棄爾勞」，「勞」乃「功績」意，正如《鄭箋》所說：

「勞猶功也。無廢女始時勤政事之功，以

為女王之美。述其始時者，誘掖之也。」[13]

故此處釋「休」爲「賜與」，於理不通。這無疑可作「對揚王休」的「休」訓「美」的旁證。再考與《詩經》時代相近的《尙書》，「休」亦多作「美」解，如《皋陶謨》：「天其申命用休」、《洛誥》：「王拜手稽首曰，公不敢不敬天之休」、「公以予萬億年敬天之休」、《君奭》：「我受命無疆惟休」、「我式克至于今日休」、《大誥》：「天休于寧王」、《康誥》：「帝休，天乃大命大王」、《多方》：「乃大降顯休命于成湯」等句中的「休」，與《詩》「對揚王休」句「休」字意義相近，《尙書》所記，並非天子賞賜之事，而多言天命之美。

據近人姜昆武考證，「天休」爲《尙書》的成詞，姜氏亦釋「休」爲「美」，他在《詩書成詞考

釋》說：

　　「《尚書》凡稱『天休』，即言天授帝位
國之命祚於其所美者，實與『休命』同指一事。
《多方》：『天惟時求民主，乃大降顯休命于
成湯，刑殄有夏。』此例天降休命四字聯文，
休字修飾命字，以為定語，故其意義、語法結
構均極完整。而《皋陶謨》、《康誥》、《洛
誥》、《大誥》諸例『命』字或從略，或見諸
下文，意義與《多方》同。如《皋陶謨》之『徯
志以受上帝，天其申命用休』，意為天以國祚
帝位授於天之所美者。《大誥》：『天休于寧
王，興我小邦周。寧王惟卜用，克綏受茲命。』
天美文王，故授之邦國。《康誥》：『帝休，
天乃大命文王，殪戎殷，誕受厥命，越厥邦民。』

蓋上天美文王，故命其殪戎殷而受國祚。《洛
誥》：『王拜手稽首曰：公不敢不敬天之休，
來相宅，其作周休，公既定宅，伻來，來視予
卜，休。恒吉，我二人共貞，公其以予萬億年
敬天之休，拜手稽首誨。』周公在洛，使告復
辟之謀及宅洛之卜於成王，將欲反政於成王，
成王無宅洛之心，往洛之，乃矯天意以言於周
公，言宅洛乃天之所美，既得吉卜，二人共管，
東西周分治，爾周公當萬億年敬奉天之所美，
亦即敬奉天命，共奉周祚，並治周國也。故《多
方》一例『天降休命』，當為『天休』一詞之
完整含義。」[14]

姜說詳密有理，《尚書》中「天休」即「天降休命」。
這種說法可作《詩》「對揚王休」句中「休」訓「美」

的另一旁證。

　　楊氏又認爲「休」通作「好」，故有「賜與」
意，他說：

　　　　「竊謂古休與好同，休讀為好也。《左傳‧

　　　昭公七年》云：『楚子享公于新臺，好以大屈。』

　　　好以大屈者，賂以大屈也。《周禮‧天官‧內

　　　饔》云：『凡王之好賜脩，則饔人共之。』好

　　　賜連言，好亦賜也。《鄭注》為王所善而賜，

　　　誤矣。」[15]

「休」、「好」二字古音同爲曉紐幽部，固然有通
假的條件，然若以「休」假爲「好」，作「賜與」
解，未必是一個十分準確的說法，對於楊氏所引《左
傳》的例子，瑞典漢學家高本漢（Bernhard Karlgren,

1889-1979）在《先秦文獻假借字例》已提出質疑，

他說：

> 「對於好當給予講楊氏舉出的例證是昭
> 公七年《左傳》：好以大屈。（意思是：他給
> 了他一張（叫做）大屈（的弓），但是我們知
> 道好與休也時有惠澤，恩惠的意思，若把這種
> 意思轉變為動詞性的，則也有相同的於『給予』
> 這類的意思。所以，『王休貝廿。』是說：『王
> 惠賜（＝當作恩惠地給了）他二十朋的貝。』『好
> 以大屈。』的意思是他惠賜一張（叫做）大屈
> （的弓）。」[16]

　　高氏的指出「好」解作「給予」，是由「惠澤」、

「恩惠」引申而來，古代詞性轉化或詞類活用的情

況屢見不鮮，高氏的講法是可以成立的。楊氏另一

例子引自《周禮·天官·內饔》，他指出「好」、「賜」連言，「好」、「賜」同義，但這說法亦有可商榷的地方，《周禮》「好」字凡十七見，茲引錄如下：（一）九曰好用之式；（二）共祭之好羞；（三）凡王之好賜肉脩；（四）凡式貢之餘財以共玩好之用；（五）玉府掌王之金玉、玩好、兵、器；（六）凡王之好賜；（七）凡王及冢宰之好賜予；（八）后有好事于四方；（九）有於卿大夫；（十）以結好；（十一）同其好善；（十二）時聘以結諸侯之好；（十三）以和諸侯之好故；（十四）使咸知王之好惡；（十五）使和諸侯之好；（十六）掌邦國之通事而結其交好；（十七）好三寸。《周禮》的「好」除「好三寸」句作「璧孔」解外，其餘各處不妨用「好」之常用義，作「美」、「善」解。

「好」、「賜」連文共三處，《天官・冢宰・玉府》：
「凡王之好賜肉脩。」《箋》曰：「好賜，王所善
而賜也。」[17]《天官・冢宰・內府》：「凡王之好
賜，共其貨賄。」《疏》云：「此謂王於群臣有恩
好，因燕飲而賜之貨賄者也。」[18]《天官・冢宰・
內府》：「凡王及冢宰之好賜予。」《疏》云：「以
其冢宰貳王治事，或有所善，亦得賜予之。」[19]《箋》、
《疏》釋「好」為「善」、為「恩好」，其意通達。
楊氏謂此處當「好」、「賜」連文同義，並沒有提
出堅實的證據。

　　然而考釋「對揚王休」一句，單從《詩經》或
其他古籍去找尋證據，顯然是有所不足的，因為「對
揚王休」句屢見於金文，如《瘋壺》、《大保殷》、
《走殷》、《兔卣》、《趞觶》、《趞鼎》等，皆

有「對揚王休」句，而與此句相近的句式，在銘文中比比皆是。如「敢對揚王休」，見於《㝬生鐘》、《段毀》、《靜卣》、《吳彝》等；「對揚伯休」見於《小臣宅毀》、《彔毀》、《競卣》等；「效對公休」見於《效觶》；「受天子休」見於《獻彝》；「對揚尹休」見於「《已公鼎》」；「申敢對揚王天休令」見於《申毀》。由此可以看到，這類句式習用於金文。方玉潤（1811—1883）《詩經原始》認爲《江漢》是「召穆公平淮銘器」[20] 郭沫若（1892—1978）指此《詩》所記與《召伯虎簋》同，他說：

> 「《大雅·江漢》之篇，與存世《召伯虎簋》之一，所記乃同時事。《簋銘》云：『對揚朕宗其休，用作列祖召公嘗簋。』《詩》云：

『作召公考，天子萬壽。』文例相同。考乃簋

之假借字，是則《江漢》之詩實亦簋銘之一。」[21]

可見此《詩》與銘文關係十分密切。楊氏對彝器銘

文素有研究，他從金文中找出五個證據，認爲「對

揚王休」句中「休」當讀爲「好」，應爲「賜與」

之義。他說：

　　「《小臣彝》云：『追叔休于小臣貝三朋，

　　臣三家。對厥休，用作父丁尊彝。』休于小臣

　　貝三朋，臣三家，休字除賜與之義外，不能有

　　他釋。下文云對厥休，自與上文之休爲一義。

　　若作對厥美訓釋，豈不離奇可笑乎！此一證

　　也。《效卣》云：『王錫公貝五十朋，公錫厥

　　涉子效王休貝廿朋。』文云王休貝，即王錫公

五十朋之貝也。古涉喋音同字通，喋血或作涉

血，卣銘乃假涉為枼，枼字从世得聲，涉子即

世子也。蓋王以貝五十朋賜效之父，而效之父

即於此五十朋之中分二十朋賜其世子效也。上

言王錫公貝，下言王休貝，明休即錫也。變錫

言休者，以句中已有公錫之文，特變易以避複

耳。此二證也。《大保毀》云：『王△大保。

錫休余土。』休與錫同義，故二字為連文。《追

毀》云：『妸休錫厥瀕事貝，』則又倒云休錫。

惟休與錫同義，故可云錫休，又可云休錫也。

休與好，錫與賜，皆同音字，《妸毀》之休錫，

即《周禮》之好賜也。此三證也。《虢叔鐘》

云：『旅敢啟帥刑皇考威儀，△御于天子，由

天子多錫旅休。』《追毀》云：『追虔夙夕卹

厥死事，天子多錫追休。』夫休而云錫，且云
多錫，若休為美義，如何可錫，又何多少之可
言乎！惟休為錫與，古人名動相因，故賜與之
物亦可謂之休也。此四證也。《省卣》云：『甲
寅，子商小子省貝五朋。省揚君商，用作父己
寶彝。』《守宮尊》云：『王在周，周師光守
宮事，𠊱周師不𥅀。錫守宮絲束，苴幕五，苴
幬二，馬匹，毳布三，△△三，球朋。守宮對
揚周師釐，用作祖己尊。』按商與賞同，釐與
𧶜同，省揚君賞，守宮對揚周師釐，與對揚王
休句例無異。賞釐皆賜與之義，知休亦賜與之
義也。此五證也。」[22]

楊氏提出的五條證據，其中不少可以言之成理。細
核《小臣彝》、《效卣》、《大保設》、《虢叔鐘》、

《婤段》、《追段》的文意，則「休」有「賜與」
之意，是可以相信的，但這只能說明「休」在金文
中可解作「賜與」，而這種情況正與《左傳》「好
以大屈」的「好」字一樣，高氏認爲「好」與「休」
有「惠澤」、「恩惠」之意，而將此意義動詞化，
便有「惠賜」之意，這是詞義的引申，這樣的解釋，
完全可以套用於楊氏所舉的幾個金文的例子上。無
獨有偶，唐蘭（1900—1979）也提出相類的意見，
他說：

> 「休字本訓美，沒有賜與意義。不過，賜
> 與總是一番好意，所以休字就用作好意的賜
> 與，久之也單用做賜予的解釋了。」[23]

並指出這是「一個特殊的引申義」[24]。這正與高氏

的講法相合。事實上，楊氏提出的證據，只能說明
金文中「休」有作「賜與」解，並不能排除「休」
在金文中可有其他的解釋，更未能以此證《詩》。
像唐蘭就引了《穆公鼎》「休天君弗望公」句，對
楊說提出有力的反證。他說：

> 「知道『休王』是由對揚王休的句法轉換
> 過來的，那末，休字的意義就不應該限於賜與。
> 因為對揚王賜還可以勉強講通，假如把『休王
> 錫』解釋為賜王錫，就不成文理了。休卣說：
> 『召弗敢諲王休異』，故休異連文，是王的美
> 意和異數，解休為賜與，在這裏也是不通的。」[25]

事實上，「休」在金文中除了訓作「賜與」外，
可作其他不同的解釋，如《員鼎》：「王令貞執犬，

休善。」《史頌簋》：「休又成事。」《中山王䪥
壺》：「休又成工。」《師害簋》「休乎作事。」
等，「休」宜解作「善」，其義方通。此外，《牆
盤》有「弘魯邵王」句，李學勤(1933-)謂「金文常
見魯休，休的意義近于休，解釋作美。」[26]即亦訓
「休」爲「美」。因此，楊氏所舉的幾個例子，並
不足以否定舊注訓「休」爲「美」的講法。

　　讓我們再從字形方面去考察。《說文》卷六上
木部：「休，息止也。从人依木。」[27]甲骨文「休」
字作 🔣（乙四八四）、🔣（前五・二六・二）、🔣
（後一・一五・五）、🔣（林二・五・四）、🔣
（京津四五六）等形[28]，金文作 🔣（大保簋）、
🔣（令鼎）、🔣（頌鼎）、🔣（靜簋）、🔣（貉
子卣）、🔣（師害簋）等形[29]。從字形去看，確

象人依木，會意作止息解，以此爲本義，許說確鑿
無誤。或體作庥，爲後起字[30]。由本義「止息」可
引申作「停止」，此外，「休」與「好」古音同，可
以通借；「休」與「喜」爲雙聲字，又有陰聲韻旁轉的
關係，故「休」又可假借作「喜」，朱駿聲（1788-
1856）《說文通訓定聲》曰：

> 「叚借爲喜，休、喜一聲之轉。《爾雅・
> 釋詁》：『休，美也。』《釋言》：『休，慶
> 也。』《廣雅・釋詁一》：『休，善也。』烋，
> 善也。以哮爲之。《易・大有》：『順天休命。』
> 《鄭注》：『美也。』《書・洪範》：『休徵。』
> 《後漢・班固傳・注》：『休徵敘美行之驗。』
> 《詩・民勞》：『以爲王休。』《菁莪》：『我
> 心則休。』《長發》：『何天之休。』《周語》：

『襲于休祥。』《傳》、《箋》、《注》皆訓

美。《楚語》：『無不受休。』《注》：『慶

也。』《周語》：『為晉休戚。』《注》：『喜

也。』《左·襄廿八傳》：『以禮承天之休。』

《注》：『福祿也。』」[31]

並由此引申為「善」、「美」、「慶」、「福」、

「惠澤」、「恩惠」諸義。

　　從事考釋字義，我們需要注意兩個十分基本的

原則：第一，字義是不斷發展的，由於本義、引申

義、假借義的關連錯縱複雜，必須清楚掌握它們之

間的關係，才可避免望文生義。第二，引用古文字

資料，必須巨細無遺，否則容易產生以偏概全之弊。

對以上兩點，楊氏在考釋「對揚王休」的「休」字

時，似乎都做得不夠。

　　總結以上所論，「休」字在金文有多義，可解作「美」、「善」、「賜與」，《詩》「對揚王休」句，「休」宜訓「美」。楊氏的講法，不泥古而另有新意，可惜他對「休」的訓釋過於死板[32]，又未能對金文中的「休」字作全面的考察，自然不可能提出令人信服的結論。

【注 釋】

[1]　阮元（1764-1849）編：《十三經注疏》（北京：
　　　中華書局，1983年11月），上冊，頁574中。

[2]　同上。

[3]　同上。

[4]　見《大公報》《文史周刊》第十三期（1947年1
　　　月8日），該文後收入《積微居小學述林》（北
　　　京：中華書局，1983年7月），頁225-227。

[5]　同上，頁226。

[6]　《十三經注疏》，上冊，頁548中。

[7]　同上，頁578上。

[8]　朱熹(1130-1200)集註：《詩集傳》（香港：中華
　　　書局，1983年6月），頁135。

[9]　同上，頁218。

[10] 《十三經注疏》，上冊，頁548中。

[11] 同上，頁548中。

[12] 同上，頁626下。

[13] 同上，頁548中。

[14] 《詩書成詞考釋》（山東：齊魯書社，1989年11
月），頁69。

[15] 《積微居小學述林》，頁226。楊說另見於《積
微居金文說》：「休于小臣，休字蓋賜予之義，
然經傳未見此訓。蓋假爲好字也。《左傳·昭公
七年》云：『楚子享公于新臺，好以大屈。』好
以大屈，猶言賂以大屈也。《周禮·天宮·內饔》
云：『凡王之好賜脩，則饔人共之。好賜連言，
好亦賜也。注說好賜爲王所善而賜，誤矣。《說
文》一篇下辱部薅从好省聲，或體作茠，此休與

好古同音之證也。《效卣》云：『王易公貝五十朋，公易乎涉子效王休貝二十朋，』王休貝即上文王錫之貝也。」見《積微居金文說甲文說》合訂本（臺北：大通書局，1971年2月），頁83。

[16] 高本漢著，陳舜政譯：《先秦文獻假借字例》（臺北：中華叢書編審委員會，1974年6月），上冊，頁258。

[17] 《十三經注疏》，上冊，頁662中。

[18] 同上，頁678下。

[19] 同上，頁679上。

[20] 見《詩經原始》（臺北：藝文印書館，1981年2月），頁1197。

[21] 見〈周代彝器進化觀〉，載郭沫若著：《青銅器時代》(北京：科學出版社，1957年9月)，頁317。

[22]　《積微居小學述林》，頁226。

[23]　見唐蘭〈論彝器中的「休」字〉，原載《申報・
　　　文史副刊》1948年2月24日，後收入《唐蘭先生
　　　金文論集 》(北京：紫禁城出版社，1995年10月
　　　版)，頁65。

[24]　同上。

[25]　同上。

[26]　見李學勤著：《新出青銅器研究》(北京：文物
　　　出版社，1990年6月)，頁76。

[27]　丁福保(1874-1952)編：《說文解字詁林》(臺北：
　　　鼎文出版社，1983年4月)，冊5，頁928上。

[28]　中國科學院考古研究所編輯：《甲骨文編》(香
　　　港：中華書局，1978年2月)，頁263。

[29]　容庚(1894-1983)編著：《金文編》(北京：中華

書局，1985年7月），頁400—402。

[30]　張舜徽(1911-1992)說：「《五經文字》云：『休

象人息木陰。』此蓋休之初義，人勞作於田野，

倦則止息於樹下也。或體从广作庥，則休息在室

矣。乃後起義後起字也。」見《說文解字約注》

（河南：中州書畫社，1983年3月），中冊，卷

11，頁82下。

[31]　《說文解字詁林》，冊5，頁928下。

[32]　楊氏認爲「金文對揚王休之語句，必爲迷作器之

原因，君上賞賜其臣下，臣下作器記其事以爲

寵，此所謂揚君賜也。云揚美，賞錫臣下爲人君

常事，美之可言？此事理言之，又可知其必不然

者也。」（見《積微居小學述林》，頁226）唐

蘭反駁說：「我們真不懂得他爲什麼把「光寵」

和「美」分得這樣清。君上賞賜臣下，從君方面
上說，也許是常事；但從受賜的臣下說來，應當
是光寵。也就是君上的好意，所以就要對揚他的
美，這是很平常，也很容易解釋的。楊先生只是
把休字好字看死板了，只可訓做賜予，所以就把
揚君美的美，而不能解釋爲專對某一人美意了。」
（見《唐蘭先生金文論集》，頁63）

論詞義學習對提高寫作能力的重要性——以「同義詞」、「新詞」為例

引言

學生寫作能力的高低，與他們駕馭文字的技巧有莫大的關係。要有效地駕馭文字，語法、修辭、邏輯幾方面都不能忽視。然而，要文從字順，恰當

地表情達意，掌握詞義就成為最基本、最重要的一環。

　　詞義是甚麼？哲學家、語言學家都提出過不同的看法[1]。《中國語言學大辭典》對「詞義」有這樣的闡釋：

　　　　「詞所表示的意義。在現代漢語學中，詞義包括詞的詞匯意義和語法意義。在詞匯學、傳統語義學（詞義學）中，詞匯僅指詞的詞匯意義，是概念通過某種語言的手段而得到的體現，同時帶有反映某些伴隨觀念的補充特點和某種感情色彩與風格特徵。」[2]

本文所討論的詞義，僅指詞匯意義。

　　寫作是用文字把思想感情表達出來。文章由句

子組成，詞語是構成文章的基本成分。沒有掌握詞語的涵義，就絕對不能把思想清楚明確地表達，文章就喪失了傳情達意的功用。據經驗所得，學生寫作時所犯的毛病很多，其中詞語配搭失當是十分普遍的現象。其次，由於學生詞匯貧乏，寫作時經常重複使用同一詞語，致使文章單調呆板。造成上述的弊病，歸根結底，是因為他們對詞義的理解有所不足。

詞義的「深」和「廣」

　　我認為掌握詞義，從而達到提高寫作能力的目的，要從「深度」和「廣度」兩方面入手。

　　先談「深度」，這是指全面和準確地掌握詞義。漢語一詞多義的情況甚多，而多義詞是指「具有兩

個或兩個以上互相關聯義項的詞」[3]。多義詞的出
現，顯示漢語詞匯豐富紛繁的現象，而同一詞語的
不同義項，它們之間的關係錯縱複雜，其中最值得
我們注意的是本義[4]、引申義和比喻義的關係。引
申義是由本義孳乳轉化而來的意義，這是多詞義產
生的主要途徑。比喻義是通過比喻手法而產生的意
義，嚴格來說，也屬於引申義的一種[5]。因此，我
們必須掌握本義、引申義的關係，才可以了解詞義
發展的脈絡。換句話說，如果我們只認識詞語的單
一或某部分的意思，便會流於浮泛，欠缺「深度」，
未能全面和準確地掌握某一詞語的意義和用法，特
別值得一提的，是一些「遠引申義」，由於它與本
義的關係比較疏離，容易為人忽略。如要全面「深
入」地學習詞義，絕不能對這些意義和關係掉以輕

心。

　　再看詞義的「廣度」，簡單地說，這就是廣泛地掌握詞義。如果我們有豐富的詞匯量，行文自會得心應手，不會出現詞窮的情況。當然，這所謂「廣」，必須與「深」相輔而行，二者缺一不可。

　　以上所談到的，其實說明了詞義學習對提高寫作能力的重要性，反映在兩方面：第一，能夠全面、準確地掌握詞義，便不會用詞不當；第二，增加詞匯量可以避免重複呆板，使文章變化多姿。以下再以「同義詞」、「新義」爲例，作進一步的闡釋。

同義詞

　　所謂同義詞，是指意義相同或相近的詞，包括等義詞和近義詞[6]。《辭海》對同義詞的解釋如下：

「意義相同或相近的詞。相同的也叫『等
義詞』。如『乙醇』就是『酒精』。相近的也
叫『近義詞』，如『贊成』和『同意』、『堅
決』和『堅定』、『成績』和『成就』等。」
[7]

等義詞是意思完全相同的詞，又叫「絕對同意
詞」；近義詞是詞義既有相同的地方，也有細微差
別的詞，而這些細微的差別，表現在詞義側重面的
不同、詞義大小範圍的不同、感情色彩不同、語體
色彩不同、適用的對象不同、搭配關係不同等幾方
面。[8]

等義詞只造成語言中詞匯的冗贅，在運用和寫
作上都沒有積極的意義，所以本文略而不談，只以
「近義詞」作爲討論的對象。既然「同義詞」是同

中有異的一組詞語，因此，掌握同義詞，就必須理

解它們相同的地方，並分析它們之間的差異。

　　掌握同義詞，對寫作的提高有極大的幫助。這

主要反映在兩方面：第一，從「同」的方面言，就

是掌握一組意義相同的詞語，這些詞語可以互相替

代而不影響文意。在實際寫作時，如能把同義詞靈

活運用，便可以使文章變化多姿，且避免重複單調

的弊病。例如：「這城市的天氣十分差，每天都下

著十分大的雨，但十分奇怪，到這兒遊覽的人卻十

分多。」在這短短一段35字的文字中，「十分」出

現了四次，這難免使人感到作者詞匯貧乏，文氣也

顯得單調。其實，「十分」的同義詞很多，像「非

常」、「異常」、「特別」、「格外」、「很」等

等[9]，如能交替使用，便能避免語言重複。又例如

形容一個人犯了極嚴重的錯誤，可以用「十惡不赦」、「罪大惡極」、「作惡多端」、「惡貫滿盈」、「罪惡昭彰」、「罪該萬死」等同義詞[10]。只要掌握同義詞相同的地方，遣詞達意時便能得心應手，使文章流麗多變。第二，從「異」的角度言，如能準確了解同義詞細微的差異，能避免詞語配搭失當，更可以精確而有效地表情達意。例如：

1. 他正在學習發球技巧。

2. 掩眼法就是他騙人的伎倆。

　　1.和2.句中的「技巧」和「伎倆」都有「進行某種活動所憑藉的有效的專門的方法、能力」的意義[11]，但「技巧」是中性詞，而「伎倆」是貶義詞，兩者感情色彩方面有所不同。又例如：

3. 農民不斷地改進飼養雞隻的方法。

4.　李先生退休後，生活大大地改善。

　　3.和4.句中的「改進」和「改善」皆有「在原有基礎上把事物改得更好一些」的意思[12]，但「改進」的對象是工作、方法、技術等，而「改善」的對象是「先後」、「關係」、「條件」、「待遇」、「狀況」等，彼此的搭配關係有所不同。

　　「技巧」和「伎倆」、「改進」和「改善」是兩組同義詞，但在以上的例句中，它們的位置不能交換，否則便會出現用詞不當的毛病，而準確細膩的意思也不能表達出來。

　　因此，求同辨異是學習同義詞的方法，這方面的學習無疑對提高寫作能力大為有利。

新詞

顧名思義，新詞就是隨著社會發展而產生的新
詞語。語言是人類表達思想的工具。隨著時空的轉
變，語言也不斷地變化；詞匯的增加，是最顯而易
見的。尤其漢語是一種以單音節語素為主的語言，
一個音素可以成為一個詞，而在大多數的情況之
下，它又能夠自由地與其他語素組合成詞，從而衍
生大量的新詞。詞匯豐富多姿，是漢語的特點，同
時也是優點，因為這樣才能適應時代的需求，配合
社會的發展。

大略而言，新詞可以分為兩類：一是新詞新義、
二是舊詞新義。

所謂新詞新義，是因應新事物、新概念的出現，

把一個或以上的詞素組合成新詞，像「試管嬰兒」、「函授大學」、「核戰爭」、「水上芭蕾」、「閉路電視」等，都是因科技發達、或社會進步而產生的新事物。此外，一部分的新詞是特殊政治和社會環境下衍生的，像「特首」、「臨立會」等等。還有一些是由外來語翻譯而成的新詞，像「綠卡」、「代溝」等。除此之外，也有少數的方言和口語，經長期運用，被吸納入共同語的詞匯裏。如「打工」、「炒魷魚」、「爆滿」等。

　　至於舊詞新義，詞目是固有的，但詞義卻有所改變、或有所擴大。現在舉「搭橋」和「窗口」兩個例子來加以說明。這兩個詞語都可在《現代漢語詞典》中找到，《現代漢語詞典》給它們的解釋如下：

【搭橋】：架橋。[13]

【窗口】：（售票室、掛號室等）牆上開的窗形的口，有活扇可以開關。[14]

《漢語新詞詞典》的釋義如下：

【搭橋】：原指架設橋樑，也比喻為促成事情成功的聯絡。[15]

【窗口】：原指售票室、掛號室等牆上開的窗形的口，現也比喻某種聯繫或獲得信息的渠道或口子。[16]

在日常的應用裏，「搭橋」和「窗口」都增添了一個引申義，這就是在舊詞的基礎上增加新的意義。

寫作雖然不一定要反映現實，但是寫作所用的詞匯卻總不能與時代脫節，特別是一些實用文或傳

媒寫作，新詞的應用就不可缺少了。新詞掌握得不好，便不能與時並進，跟別人作有效的溝通。

結論

　　綜合以上所論，只要我們對詞義有好的掌握，便能避免用詞不當、語言重複等毛病。另一方面，又能確切細緻地表達思想感情，對提高寫作能力肯定有極正面的意義。本文提出詞義的「深」和「廣」兩方面。同義詞的「求同」、新詞的「新詞新義」都屬於「廣」的部分。同義詞的「辨異」、新詞的「舊詞新義」，屬於「深」的部分。

　　要有效地掌握詞義，最簡單和根本的方法是多閱讀，由文學作品到雜誌報刊，博覽無遺，詞匯量自然可以增加，而辨析詞義的能力也在潛移默化的

過程中隨之而提高。但在閱讀風氣不大盛行的今
天，要求學生博覽群書，似乎不大可能。因此，退
而求其次，工具書的應用是幫助學生掌握詞義的另
一途徑，而事實上，近年來出版的各類型詞典五花
八門，多不勝數，在寫作時遇上疑難，翻查詞書也
不失爲一種可行的方法[17]。反過來說，詞書翻得多，
對於詞義的認識便有所增加，這就有利於寫作和實
際應用，可見它們之間是一種循環的關係。

　　總之，掌握詞義，達到既深且廣的境界，表達
能力自可大大提高，寫作時也就可以揮灑自如了。

【注　釋】

[1]　可參符淮青著：《詞義的分析和描寫》(北京：

語文出版社，1996年1月)，頁1-25。

[2]　《中國語言學大辭典》編委會編：《中國語言學

大辭典》(南昌：江西教育出版社，1991年3月)，

頁286。

[3]　見《語言學百科詞典》(上海：上海辭書出版社，

1994年9月)，頁196。

[4]　《語言學百科詞典》對「本義」的解釋：「1.從

歷時研究的角度，指詞的原始意義，與轉義相

對。如漢語中『湯』的原始意義是『熱水』，而

『食物煮後所得的汁水』(『米湯』、『雞湯』)，

『烹調後汁水特別多的副食』(『豆腐湯』、『菠

菜湯』)則是其轉義；『兵』的原始意義是『兵

器』，而『軍人』、『軍隊』（『我是一個兵』、
『工農兵』）和『軍事』、『戰事』（『紙上談
兵』）則是其轉義。2.從共時研究的角度，指詞
的主要意義，與次要意義相對。如漢語中『擺』
的主要意義是『安放、排列』（『把東西擺好』，
『擺了滿滿一桌菜』）而『顯示』（『擺威風』、
『擺架子』）、『搖擺、擺動』（『大搖大擺』、
『他向我直擺手』）則是次要意義。主要意義一
般是常用意義，次要意義則是非常用意義。」(頁
100)可見本義有兩層意義：詞的原始意義、詞的
主要意義。

[5]　詳參李家樹著：《從詞義的引申和發展規律談到
　　　古今詞義的演變》，載李氏著：《語文研究和語
　　　文教學》(香港：商務印書館，1989年11月)，頁

45-72。

[6]　王力(1900-1986)《同源字典》給同義詞下另一定

　　　義：「所謂同義，是說這個詞的某一義和那個詞

　　　的某一意義相同，不是說這個詞的所有意義和那

　　　個詞的所有意義相同。」見王氏著《同源字典》

　　　（北京：商務印書館，1982年10月），頁24。

[7]　《辭海》編輯委員編：《辭海》（香港：中華書

　　　局；上海：上海辭書出版社，1989年9月），上

　　　冊，頁513。

[8]　參馬國榮主編：《現代漢語》（北京：北京師範

　　　學院出版社，1990年9月），頁160-164。

[9]　參梅家駒、竺一鳴、高蘊琦、殷鴻翔編：《同義

　　　詞詞林》（上海：上海辭書出版社，1985年9月），

　　　頁344。

[10] 參同上，頁199。

[11] 參張志毅編著：《簡明同義詞典》(上海：上海
辭書出版社，1986年3月)，頁118。

[12] 同上，頁81。

[13] 見中國社會科學院語言研究所詞典編輯室編：
《現代漢語詞典》(北京：商務印書館，1985年1
月)，頁188。

[14] 同上，頁166。

[15] 見閔家驥、劉慶隆、韓敬體、晁繼周等編：《漢
語新詞詞典》(上海：上海辭書出版社，1997年
12月)，頁34。

[16] 同上，頁29。

[17] 舉同義詞的詞典爲例，已出版的就有：張志毅編
著：《簡明同義詞典》(上海：上海辭書出版社，

1983年3月)、梅家駒、竺一鳴、高蘊琦、殷鴻翔
編：《同義詞詞林》(上海：上海辭書出版社，
1985年9月)、吳海主編：《常用同義詞典》(北京：
北京師範學院出版社，1988年12月)、許忠誠、
王術興、郭軍、盛小溪主編：《寫作詞匯類大全》
(吉林：吉林大學出版社，1991年8月)、陳炳昭編
著：《近義詞應用詞典》(北京：語文出版社，
1991年11月)等；再舉新詞詞典爲例，已出版的
有：沈孟瓔著：《新詞 新語 新義》(福建：福
建教育出版社，1987年6月)、王均熙、董福光、
鍾嘉陵編：《現代漢語新詞詞典》（山東：齊魯
書社，1987年9月）、閔家驥、劉慶隆、韓敬體、
晁繼周等編：《漢語新詞詞典》（上海：上海辭
書出版社，1997年12月）、雷良啓、王瑋編：《新

詞新義詞典》（湖南：湖南教育出版社，1991
年2月）、閔家驥、韓敬體、李志江、劉向軍編：
《漢語新詞新義詞典》（北京：中國社會出版社，
1991年6月）、韓明安編：《新語詞大辭典》（哈
爾濱：黑龍江人民出版社，1992年4月）、李行
健、曹聰孫、雲景魁編：《新詞新語辭典》（北
京：語文出版社，1995年8月）等。

高本漢《詩經》「之」字解質疑

引言

高本漢（Bernhard Karlgren, 1889-1978）是本世紀最重要的漢學家之一，他對中國音韻和古籍都有極深入的研究。在1942至1946年間，高氏在《遠東博物館館刊》（*Bulletin of the Museum of Far Eastern Antiquities*）先後發表了《詩經》英譯（*The Book of Odes*）、國風注釋（*Glosses on the Kuo Feng Odes*）、大雅和頌注釋（*Glosses on the Ta Ya and Sung Odes*）、小雅注釋（*Glosses on the Siao Ya Odes*）。高氏對《詩經》進行了十分全面的研究，於《詩經》

的訓詁，更是探精究微，突過前人；然智者千慮，高氏所述，亦非全無可議[1]。此外，虛詞的運用是古代漢語和現代漢語的重要分歧之一。自清代（1644-1911）以來，中國學者就十分注意古漢語虛詞的研究[2]，但對某些虛詞在句中的作用，還是有很不同的意見。其中「之」字在古漢語的出現頻率極高；使用範圍極廣泛。它既可作爲實詞中的動詞，又能作爲虛詞中的介詞、代詞、語助詞、結構助詞等。即使是中國學者，對「之」字在具體句子中所起的作用，往往言人人殊。高氏是漢學界的泰山北斗，但由於中西文化的隔閡，他對用法複雜的「之」字，就未能夠完全掌握。本文就高氏對《詩經》中「之」字的理解之可議者，提出質疑，並就正於方家。

（一）《鄭風・女曰雞鳴》「知子之來之」

高氏認爲此句的後一個「之」字，是第一人稱代詞。高氏《詩經注釋》「知子之來之，雜佩以贈之」句下說：

「A《鄭箋》：『我若知子之必來，我則豫儲雜佩；去，則以送子也。』B朱熹：『來之，致其來者：我苟知子所致而來及所親愛者，則當解此雜佩以送遺報答之。』朱氏不從A說，大概是因為『來之』照鄭說要講『作來到我這裏』而『之』不能是『我』不過有時候我們確也有第三身的例。」[3]

高氏這一條注釋所犯的最基本的錯誤，是誤解《鄭箋》和《詩集傳》的原文。關於這一點，董同龢

（1911-1963）在《詩經注釋》中譯本中已經清楚地
指出來，董氏說：

> 「譯者覺得鄭氏分明是沒有講這個『之』
> 字。朱子的講法完全和下兩章的『知子之順之』
> 和『知子之好之』相合的。」[4]

鄭玄(127-200)箋文中的「我」，乃指《詩》中沒有
出現的主語，並非言本句的後一「之」字。董氏的
說法很有道理，鄭玄根本沒解釋「之」字。然而從
句意方面看，鄭氏把「之」字視作襯字。聞一多
(1899-1946)在《風詩類鈔》中就具體地指出：「勑
之、順之、好之，三『之』字，語助。」[5]這說法
明顯較爲合理。高氏指出「之」在本句解作第一人
稱代詞[6]，一來誤解《鄭箋》，二來並沒有提出堅

實的證據，況且《詩》中「之」字作第一人稱代詞，多用「我」、「吾」、「卬」，「予」、「余」等，似未有用「之」字，是故高氏的講法並不可信。

（二）《豳風・破斧》「亦孔之將」、「亦孔之嘉」
　　　　「亦孔之休」

　　高氏在《破斧》譯文下指出本《詩》「亦孔之將」、「亦孔之嘉」、「亦孔之休」 諸句的「之」宜作直接賓語，把它視作虛詞有違語法規則[7]。高氏並沒有清楚說明「之」在此處為何不能用作虛詞。事實上，情況剛剛相反，「之」字用作虛詞，在古漢語中比比皆是，《詩經》中也有不少例子，正如王引之《經傳釋詞》曰：

　　　　「之，語助詞也。《詩・君子偕老》曰：

『玭兮玭兮！其之翟也。』其之翟，其翟也。之，語助耳。《蓼莪》曰：『鮮民之生，不如死之久矣。』言『不如死久矣也。』《禮記‧射義》：『公罔之裘。』《鄭注》曰：『之，發聲也。』僖二十四年《左傳》：『介之推。』《杜注》曰：『之，語助。』」[8]

另外，從高氏把上述三句譯作「he also greatly makes them （great：）thriving, and he greatly makes them felicitous, and he also greatly makes them happy」[9]，可見他把「孔」視作帶動詞性質，然而「孔」在《詩》中皆作純粹的副詞，如《小雅‧賓之初筵》：「酒既和旨，飲酒孔偕。」《毛傳》：「孔，甚也。」[10]《大雅‧抑》：「昊天孔昭，我生靡樂。」《鄭箋》：「孔，甚也。」[11]「孔」作

帶動詞性，《詩》中找不到其它例證。因此，把本《詩》的「之」視作賓語，把「孔之」譯作「greatly makes them」，並不符合漢語句構，高氏的講法顯然理據不足[12]。

（三）《小雅・蓼莪》「欲報之德」

《高本漢詩經注釋》：

「A《鄭箋》：『「之」猶「是」也。』；我要報答這個德。「之」當「是」用，見常有的「之子」，不過《詩經》中再沒有別的結合了。如此，鄭氏的解釋就很脆弱了。B朱熹：『欲報之以德。』關於這種句法，參看《檜風・匪風》：『懷之好音』。這真是一個確證。」

[13]

　　高氏反對鄭玄的訓釋，而贊同朱熹的看法，理

由有二：其一是高氏認爲「之」當「是」用，《詩

經》中只有「之子」的結合，故鄭氏的解釋不可信，

其二是《檜風・匪風》有「懷之好音」句，與本句

句法相同[14]。

　　高氏的論證有欠周詳。第一，「之」與「是」

一樣，用作指示代詞，除「之子」以外，還有其他

例子。黎錦熙（1890-1978）〈三百篇之「之」〉把

這種用法稱爲「代名形容詞」，他說：

　　　　「『之』之爲形容詞者，指示形容詞（即

　　　『代名形容詞』；英語definite demonstrative

　　　adjective）猶『是』也，『此』也，『這』（者）

　　　也，皆聲轉。所冠之名似有定習，別爲三（A）

　　　之子（B）之人（C）之德。」[15]

《鄘風・蝃蝀》和《邶風・日月》皆有「乃如之人
兮」句，《日月篇》《鄭箋》曰：「之人，是人也。
謂莊公也。」[16]《鄘風・君子偕老》：「展如之人
兮。」《孔疏》曰：「誠如德服相稱之人，宜配君
子。」[17]可見「之」作「是」解，可以找到很多證
據。

　　第二，高氏認為「欲報之德」是介詞省略的句
式，這也並非完全沒有根據。介詞省略是古漢語中
普遍的現象，在《詩經》中也屢見不鮮，如《小雅・
干斯》：「載衣之裳」即「載衣之以裳」，《大雅・
生民》：「恆之秬秠」即「恆之以秬秠」，《大雅・
抑》：「告之話言」即「告之以話言」等，但《詩
經》中不省介詞，「之以」連用的句式亦甚多，如
《衛風・木瓜》：「報之以瓊琚」、「報之以瓊玖」，

《鄭風‧溱洧》：「贈之以芍藥」，《齊風‧著》：「尙之以瓊華乎而」等，因此，本句是否介詞省略，還不能單從《詩經》中的其它句例來確定。高氏舉「懷之好音」句作爲例子，同樣只能說明《詩經》中有省略介詞「以」的情況，並不能以此證實「懷之好音」與「欲報之德」的句式相同。

　　解決這個問題，我們必須細察詩人的句意。獨立地看本句，「之」字用法有兩個可能性，其一爲指示代詞，其二爲第三人稱代詞，後省介詞。但從上下文理去考察，本句卻不像後者，因爲本《詩》是思念父母對自己有撫養的恩德，但卻不能終養，表達一種「子欲養而親不在」的痛悲，故《鄭箋》解說清晰簡明，符合《詩》意。再者，中國人是道德觀念很重的民族，盡孝實理所當然的事，故對父

母言欲報之以德，語氣顯得很不自然。

（四）《小雅・小明》「神之聽之」

　　高氏在《小明》譯文附注中指出，「Thus chï
之 ordinarily the pronoun of the 3rd person, here serves
for the 2nd」 [18]高氏這段話只說對了一半。他認為
「之」在《詩經》常作第三人稱代詞，這的確確鑿
無誤，《詩》中「之」作第三人稱代詞的例子俯拾
皆是，實無庸多述，至於「之」作第二人稱代詞，
在戰國以後，確實有這種用法，但在《詩經》時代，
這種用法似還沒有出現。《詩》中作第二稱代詞者
多用「汝」、「乃」、「爾」；高氏所舉的例子是
《小雅・小明》中「神之聽之」句中的「之」字，
黎錦熙認為「之」是「代『求友』之事」 [19]；程俊

英、蔣見元認爲「前一『之』字是襯詞，後一『之』
字是代詞，代上四句話」[20]；敖鏡浩認爲「在兩個
字詞中插上兩個『之』，將雙音節的詞語變成四字
格，表達強烈的心情」[21]，此處「之」字是襯字抑
他稱代詞，似還可以有討論的餘地，但無論如何，
卻不應視作第二人稱代詞。

（五）《小雅・桑扈》「之屏之翰」

　　　《邶風・燕燕》「先君之思」

　　　《邶風・新臺》「燕婉之求」

　　高氏認爲以上三句的「之」皆作代詞賓語[22]。
「先君之思」句《鄭箋》曰：「戴嬀思先君莊公。」
[23]「燕婉求之」句《鄭箋》曰：「其心本求燕婉之

人。」《孔疏》：「齊女未嫁，本燕婉之人是求。」
[24]《箋》、《疏》認為這兩句皆賓語前置，可謂得
《詩》人之旨。古漢語中賓語前置的現象並不罕見，
這種現象可以歸納為三類：（一）否定句的賓語前
置（二）疑問句的賓語前置（三）前置賓語和動詞
謂語之間插入虛詞。但沒有如高氏所理解，把代詞
賓語直接提前的例子。對於上述第三類的句式，《馬
氏文通》早已論及，馬建忠（1845-1900）指出：

> 「凡止詞先乎動詞字者，倒文也。如動字
> 或有弗辭，或為疑辭者，率間『之』字；辭氣
> 確切者，間參『是』字。」[25]

這些提示性虛詞就包括「是」、「之」、「來」、
「于」、「斯」、「厥」等，其中又以「是」和「之」
的是用法最為普遍，據殷國光在《先秦漢語帶語法

標誌的賓語前置句式初探》[26]中做了十分全面的統計，在《詩經》中，「賓・是・動」的句式40見，「賓・之・動」的句式17見，「賓・其它標誌・動」的句式16見，是《詩》中「燕婉之求」（《邶風・新臺》）、「先君之思」（《邶風・燕燕》）、「魚網之設」（《邶風・新臺》）、「其實之殽」（《魏風・園有桃》）、「其實之食」（《魏風・園有桃》）、「芮鞫之即」（《大雅・公劉》）、「西柄之揭」（《小雅・大東》）等句皆可作如是觀，「之」在句中皆作賓語前置的提示性虛詞。

至於「之屏之翰」句，我們也不宜把「之」字視作代詞賓語。《孔疏》曰：「之屏，因上文而轉。」[27]孔說意謂「之屏」乃承上文「君子樂胥，萬邦之屏」而來，「之翰」則與「之屏」相對，換言之，

「之」字只是沒有意義的虛字。孔說暢達可信。這
種句式剛好與《大雅・假樂》中上承「受福無疆，
四方之綱」句的「之綱之紀」相合。陳奐（1786-1863）
《詩毛氏傳疏》曰：「之綱承上章，綱紀連文，故
又言『之紀』也。」[28]這正好作孔說之佐證。此外，
高氏既把「之」視作賓語，便不能不把「屏」和「翰」
譯作動詞[29]，這樣顯然值得商榷，「屏」在《詩》
中固可作動詞，如《大雅・皇矣》「作之屏之，其
菑其翳」，「屏」可解作「除去」，但本句「之屏」
承上文而來，實不似動詞，況且後面的「翰」字於
《詩》中或用作形容詞[30]，或用作名詞[31]，未嘗有
用為動詞，《毛傳》、《鄭箋》、《傳疏》釋本句
時，皆認為「翰」借為「榦」[32]，又《大雅・嵩高》
「周邦咸喜，戎有良翰」，《毛傳》曰：「翰，榦

也。」[33] 「翰」的用法正好與本句相同，此外，上引「之綱之紀」句，「綱」、「紀」很明顯亦非動詞，由是可知，我們還是把「之屏之翰」句中的「之」字視作湊音節的虛字較爲合理。

小結

以上所述，主要說明中西文法的差異或導致高氏在訓釋和翻譯時的錯誤。例如「之」作襯字和賓語前置的提示性用法，根本不見於西文，因此，高氏偶有失誤，就在所難免[34]。但是必須強調，這僅是白璧微瑕，無損高氏在《詩經》研究中所作出的重大貢獻。

【注 釋】

[1] 可參拙著《高本漢雅頌注釋斠正》(臺北：文史哲出版社，1996年7月)

[2] 有關這方面的專門研究，有王引之(1766-1834)《經傳釋詞》、楊樹達(1885-1956)《詞詮》、裴學海(？-？)《古書虛字集釋》、劉淇(？-？)《助字辨略》、吳昌瑩(？-？)《經詞衍釋》等。

[3] 《高本漢詩經注釋》(臺北：國立編譯館中華叢書編審委會，1979年2月)，上冊，頁232。

[4] 同上。

[5] 見《聞一多全集》(湖北：湖北人民出版社，1993年12月)，冊4，頁520。

[6] 高氏又在《小雅‧綿蠻》譯文附注中說「Chï 之 ordinarily the pronoun of the 3rd person：'him,

them'，occasionally serves for the 1st person（'me,
us'）or the 2nd person （'you'）」，見《遠東博
物館館刊》第16期(1944)，頁256。

[7]   高氏在《詩經》譯文附注中指出：「Chu （basing
himself on Cheng's paraphrase）consider chï as a
mere》particle》（he interprets：》His loving our men,
is it not great'》 ） , but that is grammatically
unallowable. In the clíche yi k'ung chi X（very
common in the Shï）, chï 之is always a direct
object placed before its verb： 》 He greatly them
enlarges etc.」 載《遠東博物館館刊》第16期
（1944）,頁220。

[8]   《經傳釋詞》(香港：太平書局，1974年12月)，
頁201。

[9]　同[7]。

[10]　阮元(1764-1849)校刻《十三經注疏》(北京：中
華書局，1983年10月)，上冊，頁484中。

[11]　同上，頁556下。

[12]　高氏在《十月之交》譯文附注中指出「 Yi k'ung
chï ch'ou ：the ch'ou is a transitive verb, with chï
as object」(載《遠東博物館館刊》第16期[1944] ，
頁236)，是犯了同樣的錯誤。

[13]　《高本漢詩經注釋》，上冊，頁611。

[14]　高氏把「懷之好音」、「欲報之德」分別譯作「I
will cherish him with good words」和「I wished to
requite you by goodness」。

[15]　見《漢語釋詞論文集》(上海：科學出版社，1957
年11月)，頁108。

[16] 《十三經注疏》，上冊，頁298下。

[17] 同上，頁314中。

[18] 《遠東博物館館刊》第16期（1944），頁245。

[19] 同[15]，頁97。

[20] 程俊英、蔣見元《詩經注析》(北京：中華書局，
      1991年10月)，下冊，頁651。

[21] 郭錫良主編《第二屆國際古漢語語法研討會論文
      選編——古漢語語法論集》(北京：語文出版社，
      1998年6月)，頁158。

[22] 高氏指出：「the chï 之is the pronoun as object, as
      in ode 28先君之思 」The former princes, of them I
      think, ode 40 yen yuan chï k'iu 」A beautiful one,
      him she sought」（etc. It is thus synon. with shi 是
      in phr. like ode 2 shï yi shï huo 」That I cut, that I

boil」（etc., very common）So chï p'ing does not,

with Legge and Couvreur, mean》these screens》,

for chï in this sense occurs exclusively in the

phrase之子 in the Shï.」，載《遠東博物館館刊》

第16期(1944)，頁249-250。

[23] 《十三經注疏》，上冊，頁298中。

[24] 同上，頁311中。

[25] 《馬氏文通》(北京：商務印書館，1998年5月)，

頁401。

[26] 載《語言研究》，1985年第2期，頁162-171。

[27] 《十三經注疏》，上冊，頁480下。

[28] 《詩毛氏傳疏》(臺北：臺北學生書局，1995年

10月)，冊2，頁723。

[29] 高氏譯作 Them they screen, them they (prop

up=)support。見《遠東博物館館刊》第16期

(1944)，頁249。

[30] 如《小雅‧小宛》「翰飛戾天」，《鄭箋》：「翰，

高。」見《十三經注疏》，上冊，頁451下。

[31] 如《大雅‧常武》「如飛如翰」，《正義》：「若

鷹鸇之類，摯擊眾鳥者也。」見同上，頁577上。

[32] 《毛傳》：「翰，榦。」《鄭箋》：「內能立功

立事，爲之楨榦。」見《十三經注疏》，上冊，

頁480中。又《傳疏》：「翰，讀與榦同，此謂

假借也。」見《詩毛氏傳疏》，冊2，頁594。

[33] 《十三經注疏》，上冊，頁567下。

[34] 高氏在其著《漢文典》中也沒有指出「之」這方

面的用法。見高本漢原著，潘悟雲、楊劍橋、陳

重業、張洪明編譯：《漢文典》(上海：上海辭

書出版社， 1997年11月)，頁430。

文字學與語文教育

引言

《漢書・藝文志》載：

> 「古者八歲入小學，故《周官》保氏掌養
> 國子，教之六書。」[1]

文字是一種媒介，也是打開學問之門的鑰匙。古時
小童讀書，先習文字學，實在很有道理。現在文字
學成爲大學中文系開設的專門學科，給人艱深難懂
的印象，即使大專學生也視之爲畏途，這種由於種

種因素而形成的長期誤解，其實是十分可怪的現
象。

當然，現代的學科分類精細，學童因要適應現
代社會而需要掌握的知識愈來愈多，他們學習的條
件也不能與古人同日而語。然而，文字學屬於語文
基礎常識，這是恆久不變的道理，並不因時間而有
所差異。有見及此，本文的寫作，目的有兩方面：(一)
提出宜在基礎教育的課程加入文字學常識；(二)探討
文字學與語文教育的關係。

基礎教育的課程宜加入文字學常識

香港在回歸中國之後，中文的應用愈來愈廣
泛、地位愈來愈重要。大專學生的語文水平成為社
會人士及教育界熱烈討論的課題，九七前後由不同

機構所組織與語文有關的學術研討會，其數量之多，堪稱空前。[2]然而，這不外反映一項事實：大學生的語文水平不斷下降。大家都急謀對策，希望提高學生的語文水平，使他們能夠應付畢業後的工作需要。

雖然「亡羊補牢，未爲晚也」，但語文能力應該在中小學階段打好基礎，大學老師還要教導學生「怎樣把中文寫得通」、「怎樣減少錯別字」，說句笑話，實在成本高、效率低。大學的重點在培養專門人才，使各系學生各有專精；這樣說，並不是要忽視語文，語文是不可缺少的工具，但在大學階段，應強調語文能力的提高和語文知識的深化，並照顧專業範圍的語文應用。

漢字是表意系統的方塊文字，形音義之間有著

有機的結合，字義可以從字形中得到合理的解釋，換句話來說，漢字與純粹標音符號的拼音文字有很大的分別。漢字的這種性質，注定文字學的重要性。文字學之於中國語文，就如字母之於拼音文字，是最根本的入門知識。

綜觀現在小學、中學的課程，就鮮有與文字學有關的內容。以前許慎(58-148？)的《說文解字·序》是高級程度會考的考試範圍，本來是很好的安排，但後來重修課程的時候便把它刪除，而中學會考的課文選入左民安《漢字例話》中的「漢字的結構(節錄)」，從中可以看到課程的淺化。這是使人感到不安的。

我認為宜在高小、初中介紹文字學的基本知識，因為十歲以上的學童，已擁有一定的理解能力，

而且他們這時的雜念最少，學習能力最強，正好趁這時打好扎實的語文基礎。香港特區政府重視基礎教育和語文訓練，肯定走對了方向，事實上，教授文字學知識就是強化學生語文根基的可行做法。

文字學與語文教學的關係

上文所提到要在基礎教育課程中加入文字學常識，然而文字學的範圍甚廣，因此，不可能、也不應該在基礎教育中完全涵蓋。我認為講述的可以有兩方面，第一是六書理論，第二是文字的演變。這兩者的重點都放在與字形有關的部分。

「六書」一名始見於《周禮》[3]，對六書內容作具體述說的，在漢代有鄭眾（？-83）、班固（32-92）和許慎三家[4]，可見六書理論悠來已久，是前人總

結漢字造字的方法。六書的理論並非完美無瑕，相反，問題很多，象省形說、省聲說、右文說、兼書說的提出，都說明六書的分界有欠周詳。近代學者唐蘭（1901-1979）更提出三書說[5]，是對六書理論的直接批判。但不能否認。六書理論有一定的合理性，特別與字形有直接關係的部分對學生認識和理解漢字，至爲重要。所謂與字形有直接關係者，即戴震（1723-1777）所提出「四體二用」說中的「四體」[6]。撇開省聲省形、右文說、兼書說等較複雜的問題不談，象形、指事、會意、形聲四書，並不是甚麼深奧難懂的理論。

　　所謂文字的演變，是指甲骨文、金文、篆書、隸書、楷書等不同書體的變化。發展至楷書，漢字已經成爲一種由點、橫、直、曲、捺、撇、挑、鈎

等筆劃所組合而成的文字，換言之，學童識字，需
要把字形一筆一劃地硬記，至於字形和字義之間的
聯繫，也不容易單從形體方面看出來。在漢字的演
變的過程中，隸書是轉捩點，因爲隸變把漢字的象
形性大大地減低[7]。於是教導學童認識小篆、金
文、甲骨文的字形，從書體上溯字源，是一個識字
的極佳方法。一般人認爲甲骨文、金文等古文字艱
深難懂，其實古文字的圖象性很強，只要教授得法，
學生認讀古文字，就如看圖識字一樣簡單。像李樂
毅所著的《漢字演變五百例》[8]、王宏源所著的《漢
字字源入門》[9]一類普及性的書籍，一般人閱讀都
不會感到困難。

　　注意以上兩方面文字學知識的教授，可以達致
下列改善語文能力的效果：

（一）減少錯別字

　　學生寫錯別字，主要原因有三：其一是形近而訛，其二是聲近而訛，其三是筆劃有所增刪。如果對六書理論有基本的了解，肯定可以減少錯別字的出現。現在就以上所提及的三種情況舉例說明。

1. 形近而訛

　　「炙」和「灸」在字形十分近似，學生容易混淆。《說文》卷十下：「炙，炮肉也。从肉在火上。」[10]它的字形是由「肉」和「火」兩字構成，二者皆作表意符號。《說文》卷十上：「灸，灼也。从火，久聲。」[11]它的字形是由「久」和「火」兩字構成；「火」是形旁，「久」是聲旁。換句話來說，「炙」是會意字，「灸」是形聲字。如果了解兩字的形體

構造，根本就不會把它們混淆。

2. 聲近而訛

　　「冊」、「策」為同音字，二字古文可以通假，但在現代漢語中卻不能通用，如「策馬」之「策」，不能寫作「冊」，「書冊」之「冊」，不應寫作「策」，假若我們知道到「冊」字是象形字，古文寫作 ⿱ (甲一四八三)、⿱ (甲一六六三)、⿱ (乙一四五)等 [12]，象編簡之形。如《說文》所記：「冊，符命也，諸侯進受於王也。象其札一長一短，中有二編之形。⿱，古文冊从竹。」[13]。「策」則是「從竹束聲」的形聲字，如《說文》曰：「策，馬箠也。从竹束聲。」[14]那就不容易寫錯了。

3. 筆劃有所增刪

　　「袋」是「從衣代聲」的形聲字，「代」為聲

符；「初」是「從刀衣」的會意字；「冷」是「從
仌令聲」的形聲字，「令」為聲符。學生明白了這
些字的字形構造，就絕不會有把「袋」誤寫作「袋」，
把「初」誤寫作「初」，把「冷」誤寫作「冷」的
可能。

（二）字義的掌握

　　學童學習字義，往往知其然，不知所以然，某
字為何有某項意義，老師大多不作解釋，學生也惟
有囫圇吞棗。一個字的字義常多於一項，其中有不
少為引申義，要認識引申義，必須了解本義；至於
了解本義，總離不開字形的分析。舉個例子來說，
「保」字可以解作「保護」、「擔保」，要說明這
些解釋的由來，必須從詞義發展的角度來說明。「保」

字的本義是「養育」，而「保護」、「擔保」二意
就從本義引申而來。「保」金文寫作⿰(保卣)、⿰
(孟鼎)、⿰ (秦公簋)等[15]，像成人手抱嬰兒之形，
故本義爲「養育」，而由「養育」引申作「保護」
和「擔保」，這樣，意義間的脈絡就十分清楚，學
生也易於明白。又例如要解釋「兵」字爲何解作「士
兵」，亦可先從本義入手。「兵」字甲骨文寫作⿰ (後
二・二・九・六)、⿰ (京津一五三一)、⿰ (佚七二
九)等[16]；金文寫作⿰ (兵戔簋)、⿰ (庚壺)等[17]，
像手執兵器之形，再由此引申作「士兵」，就順理
成章，意義清楚明白。

　　由此可見，掌握文字學的知識，對學習字義有
莫大的輔助。

小結

　　記憶是學習的重要過程，現在學童學習寫字和
字義，都是靠硬背死記，在教學時，只把漢字作爲
一個純粹的符號。其實，我們可以利用漢字的表意
性和可解釋性來教導學生，從而減少學習上記憶的
負擔，實在能使教和學都事半功倍。正如殷煥先指
出：

　　　　「漢字的可解釋性是根據漢字的構形有
　　　理性而來的。……象形、指事、會意等漢字也
　　　都具有可解釋性。漢字的可解釋性是一直得到
　　　人們的重視的。我們如果說，漢字的可解釋性
　　　成為支配著漢字發展的潛勢力之一，這可以得
　　　到研究漢字的結構和漢字的發展的人首肯的。

　　漢字的可解釋性一直被用來為漢字教學服務。」

[18]

如果能夠利用漢字這方面的特點，既可提高學生的學習興趣，又可使漢字教學更加理性，從而達到鞏固中小學生語文水平的目的。文字學與語文教育的關係，於此昭然若揭。

【注 釋】

[1] 班固（32-92）撰《漢書》(北京：中華書局，1975年4月)，冊6，1720。

[2] 包括香港語文學會主辦的「一九九七語文研討會」(1995年12月9-1日)、大學教育資助委員會贊助，各大專院學聯合統籌的「提升語文水平研討會」(1997年1月11日)、香港中文大學中文語言及文學系主辦的「香港中國語文教學研討會──從預科到大專」 (1997年5月15-17日)和「香港中國語文教學研討會──因材施教與學以致用」(1998年5月19-21日) 等 。

[3] 《周禮‧地官司徒》：「保氏掌課王惡，而養國子以道，乃教之六藝：一曰五禮，二曰六樂，三

日五射，四曰五馭，五曰六書，六曰九數。」

[4]　鄭眾說見鄭玄《周禮》注；班固說見《漢書·藝
　　　文志六藝略》；許慎說見《說文解字》。

[5]　參唐蘭《古文字學導論》（山東：齊魯書社，1981
　　　年月），頁83-126；《中國文字學》(上海：上海
　　　古籍出版社，1979年9月)，頁75-79。

[6]　戴震《答江慎修論小學書》說：「致造字之無所
　　　馮依，宇宙間事與形兩大端而已，指其事之實曰
　　　指事，一、二、上、下是也，象其形之體四象形，
　　　日、月、水、火是也。文字既立，則聲寄於字，
　　　而字有可調之聲；意寄於字，而字有可通之意，
　　　是又文字之兩大端也。因而博衍之，取乎聲諧，
　　　曰諧聲；聲不諧而合其意，曰會意，四者，書之
　　　體止此矣。由是之於用，數字共一用者，如初、

首、基之皆爲始，卬、吾、台、予之皆爲我，其
義轉相爲注，曰轉注。一字具體用者，依於義以
引申，依於聲而旁寄，假此以施於彼，曰假借，
所以用文字者，斯兩大端也。"又說：「指事、
象形、形聲、會意四者、字之體也；轉注、假借
二者，字之用也。」俱見《戴東原集》(《四部
備要》本)，卷3，頁14a。

[7]　詳參蔣善國《漢字形體學》(北京：文字改革出
　　　版社，1959年9月)，頁175-290。

[8]　李樂毅著：《漢字演變五百例》(北京：北京語
　　　言院出版社，1992年5月)

[9]　王宏源著：《漢字字源入門》(北京：華語教學
　　　版社1994年版)

[10]　《說文解字》(香港：中華書局，1985年6月)，頁

212下。

[11]　同上，頁209上。

[12]　中國社會科學院考古研究所編輯：《甲骨文編》

　　　(北京：中華書局，1989年3月)，頁87。

[13]　《說文解字》，頁48下。

[14]　同上，頁98上。

[15]　容庚(1894-1983)編著：《金文編》(北京：中華

　　　書局，1985年7月)，頁556-557。

[16]　《甲骨文編》，頁101。

[17]　同[15]，頁160。

[18]　殷煥先《漢字三論》(濟南：齊魯書社，1982年

　　　11月)，頁89。

港式粵語「好+單音節詞」探析

引言

在現代漢語中，「很」是一個使用頻率非常高的程度副詞。《現代漢語詞典》對「很」作了這樣的解釋：「副詞，表示程度相當高。」[1]至於「好」，用法很多，也可以作爲程度副詞。《現代漢語詞典》中指出「好」的其中一個義項是「用在形容詞、動詞前面表示程度深，並帶感嘆語氣。」[2]由此可見，「很」和「好」皆可作程度副詞，但在具體意義上

有著細微的差異，「很大的校園」和「好大的校園」意思上就不能等同，後者多了一份讚嘆。粵語的情況並不相同，口語一般不用「很」，「好」兼有以上兩種功能。例如在「今日心情好差」一句中，「好」是一個表示程度相當高的副詞；在「好大工程呀」一句中，「好」就帶了感嘆語氣。就前者的用法而言，「好+單音節詞」的組合，固然可以是「好」加上一般的單音節詞，例如「好大」、「好忙」、「好肥」、「好薄」、「好靚」等等，但其中有不少詞組涉及一些詞匯學上的課題，好像「外來語的運用」、「詞類活用」、「詞義引申」、「詞語省略」等。下文將根據這些課題，逐一徵引例子，加以分析。

外來語的運用

　　「外來語」又稱「外來詞」或「借詞」，是「一種語言從別種語言裏引進的語詞」[3]。要言之，但凡本土語，皆可以稱爲外來語，它的範圍十分廣泛。在香港，基於歷史的因素，英語的借用最爲普遍。其中包括音譯(例如「的士」、「巴士」)和意譯(例如「超級市場」、「衛星城市」)，此外，還有一種香港特有的語言現象，就是把英語詞匯直接插入日常口語中。這種用法，美其名可稱爲「中英混合語」[4]，其實也就是中英夾雜。中英夾雜的現象，在「好+單音節詞」的詞組構造裏，可以找到不少例子，茲詳舉例子和例句如下：

1.　好cool（案：即「很冷酷」。例句：佢成晚唔睬人，表現得好cool。）

2.　好high（案：即「很高漲」。例句：今日咁高興，大家都玩到好high。）

3.　好man（案：即「很有男子氣慨」。例句：阿珍大哥好man，係做消防員㗎。）

4.　好fit（案：即「很合身」。例句：件衫好fit佢嘅身材。）

5.　好free（案：即「很自由」。例句：在海底漫步，感覺好free。）

6.　好in（案：即「很趨時」。例句：呢個款係好in嘅設計。）

7.　好out（案：即「很過時」。例句：佢個打扮咁老土，已經好out。）

8.　好sharp（案：即「很突出」。例句：佢著起禮服，睇落好sharp。）。

9. 好cute（案：即「很逗人喜愛」。例句：

呢個卡通人物個樣好cute。）

中英夾雜用語的大量出現，主要有三個原因：(一)

有崇尚西方文化的心理[5]；(二)因爲香港沒有政治

的干預，香港話裏的外來詞可以放任、自由地發展；

(三)傳播媒介都以香港話爲大眾接受的通用語言

[6]。這種中英夾雜的表達方式，對漢語的發展並沒

有積極的意義，本來並不值得鼓勵。雖然如此，中

英夾雜成爲港式粵語的其中一種現象，卻已是不能

改變的事實。莊澤義稱「香港話」爲最洋化的方言，

實在不無道理[7]。試比較：

1. 「呢個卡通人物個樣好cute。」

2. 「呢個卡通人物個樣好逗人喜愛。」

3. 「阿珍大哥好man，係做消防員㗎。」

4.　　　「阿珍大哥好有男子氣慨，係做消喙。」

1和2、3和4基本上可以表現相同的意義，但在一般年青人的口語裏，大體例句1和3的用法遠比例句2和4普遍。事實上，從語感和節奏方面看，前者和後者也大相徑庭。

作爲某地域方言中某社群的語言，以上所引中英夾雜的情況，在溝通上可以產生簡約活潑的效果，但從漢語應該嚴格規範和中文應該淨化的角度去看，這種用法還是最好盡量避免。

詞義引申

基本上，詞義可以分爲三大類：本義、引申義、假借義。假借義與本文所論無關，姑且略而不談。所謂本義，是「指一個漢字最初書寫的字形上所反

映出來的意思。」[8]引申義是指由本義孳乳轉化而

來的意義。茲舉以下幾個詞組結構爲例：

1.　好黑（案：「黑」的本義是顏色的一種。

《說文》卷十上黑部曰：「黑，火所熏之

色也。」[9]引申指際遇的不順，「好黑」

就是很不順境。例句：佢最近好黑，又輸

錢、又畀人炒魷魚。）

2.　好紅（案：「紅」的本義是顏色的一種。

《說文》卷十三上糸部曰：「紅，帛赤白

色。」[10]引申指象徵順利、成功或受人重

視、歡迎[11]，「好紅」就是很受人重視、

歡迎。例句：佢最近好紅，聲勢直逼四大

天王。）

3.　好瘀（案：「瘀」的本義是指血液不流通

[12]。《說文》卷七下疒部曰：「瘀，積血也。」[13]引申指丟臉。例句：佢一條題目都唔識答，真係好瘀。）

以上幾個例子在港式粵語中甚爲常用，其中單音節詞的引申方法都屬於詞義的轉移。

詞類活用

詞類活用是指某一類的詞，在某種特定環境之下，臨時轉變作另一類詞，並具有這一類的詞的意義和特性。這種語法現象，在古代漢語中比較普遍，現代漢語也保留了一些。在「好+單音節詞」的短語中，詞類活用的情況不算很多，一般是單節音詞的名詞臨時轉化作形容詞，跟「好」結合，成爲形容詞性短語。

1. 好狗（案：「狗」本是名詞，這裏活用作形容詞，「好狗」就是很沒原則，沒骨氣[14]。例句：佢唯利是圖，個人好狗。）

2. 好屎（案：「屎」本是名詞，這裏活用作形容詞，「好屎」就是很差勁。例句：佢打波好屎，係人都贏到佢。）

3. 好煙（案：「煙」本是名詞，這裏用作形容詞，「好煙」就是很大煙塵。例句：呢度好煙，連眼都睜唔開。）

也有是非名詞的活用，例如「好削」。「削」本是動詞，可活用作形容詞，在「今年嘅年糕蒸得好削」一句中，「好削」就是很稀軟的意思，不過這種詞類活用的為數不多。

詞語省略

　　顧名思義，詞語省略就是略去詞語的一部分，也可以說是「簡稱」。「簡稱是事物的名稱或固定的詞組簡化了的稱謂，是與原未簡化語言單位相對而言的。把原語言單位的音節、詞語，進行有規律的節縮或減少，仍能代表全稱並不失其表義的明確性。」[15]在副詞「好」之後，常常有詞語省略的現象，一般是雙音節詞省略為單音節詞，然後跟「好」組成雙音節的短語。舉例如下：

1.　好英（案：即「很英俊」。例句：今日佢著起西裝，個樣好英。）

2.　好囂（案：即「很囂張」。例句：佢自視過高，對人好囂。）

3. 好揚（案：即「很張揚」。例句：件事已經好揚，差唔多所有人都知道。）

4. 好迷（案：即「很迷戀」。例句：佢個妹好迷劉德華，視他為第一偶像。）

5. 好放（案：即「很豪放」。例句：佢一向好斯文，但係上到台表演就好放。）

6. 好白（案：即「很坦白」。例句：佢已經講得好白，你仲有乜嘢唔明白？）

7. 好發（案：即「很發達」。例句：佢一定好發，唔係都唔會搬上山頂住喇。）

8. 好水（案：即「很水皮」。例句：佢打羽毛球好水，一鋪都贏唔到。）

這一類詞組的普遍程度，有相當大的參差。有些（如「好發」、「好水」、「好白」等）在口語中流行已

久，已經極爲通用，意義也因而十分明確；也有些（如
「好英」）或爲新造詞組，或僅流行在少數社群中，
其表義的明確性就相對地顯得不高了。至於「好」之
後的雙音節詞語，哪部分應省？哪部分不省？其實並
沒有規律。只要約定俗成，詞組的意義固定後，便不
會使人產生歧解，好像「好利」一定是指「很鋒利」，
不會是「很利害」；「好發」一定是指「很發達」，
不會是「很發怒」。此外，這一類有省略成分的詞組，
在不同的語境中，往往可以表達不同的意義。例如：

1. 山火燒得好猛，一陣已經燒晒成個樹林。

2. 聽講間屋好猛，你夜晚千祈唔好一個人入
   去。

3. 佢把口好賤，乜嘢都嗡得出。

4. 經濟不景，以前嘅貴價貨變得好賤。

例句1的「好猛」是指「很猛烈」，例句2的「好猛」是指「很猛鬼」。例句3的「好賤」是指「很賤格」，例句4的「好賤」是指「很價賤」。雖然同一詞組可有不同解釋，但只要根據上文下理，還是十分好懂，以粵語為母語的人一定不會混淆。

幾點說明

　　上文從「外來語的運用」、「詞義引申」、「詞類活用」、「詞語省略」四方面對港式粵語「好+單音節詞」作分析，只是為了方便說明。事實上，這四方面並非全然獨立，像「好man」是外來詞的運用，「好狗」是詞類活用，但二者同時也牽涉詞義的引申，可見它們之間絕對沒有不何逾越的鴻溝。

選擇單音節詞來討論，並不是說粵語中副詞「好」之後不可以加上單音節以外的詞。相反而言，「好」之後可以加上不同音節的詞，組成形容詞性短語。例如「好勤力」、「好尷尬」(以上雙音節詞)、「好無厘頭」、「好冇家教」、「好耐人尋味」(以上多音節詞)。不過，港式粵語中「好」加單音節詞的用法十分普遍，特別流行在青年人的口語裏，這是一個值得注意的語言現象。造成這個現象，有以下兩個原因：（一）粵語的單音節詞比共同語多，像現代漢語的「生氣」、「乏味」、「風光」、「浪費」、「聰明」、「貶低」粵語習慣上用「嬲」、「寡」、「威」、「嘥」、「叻」、「踩」來表達。這跟粵方言與古漢語關係密切，保留了不少單音節詞有一定的關係。（二）爲了音節配合，易於上口

的關係，程度副詞「好」之後加上單音節詞的情況
特多。上舉「外來語的運用」和「詞語省略」兩節
中的例子，就是最佳的證明。

　　「好+單音節詞」屬於地域方言的詞組。在香
港，這種用法的普遍性和明確性因個別詞組而有很
大的差異，往往不能一概而論。不過，語言是溝通
的工具，這類港式粵語的出現、流行，以至變化、
消亡，似乎也只能用約定俗成的標準來決定。

【注　釋】

[1]　中國社會科學院語言研所詞典編輯室編：《現代
　　　漢語詞典》修訂本(香港：商務印書館，1994年
　　　10月)，頁451。

[2]　同上，頁438。

[3]　《中國語言學大辭典》編委會編：《中國語言學
　　　大辭典》(南昌：江西教育出版社，1991年3月)，
　　　頁272。

[4]　見龍裕琛〈港澳流行語淺析〉，載《澳門語言學
　　　刊》第6、7期(1998年5月)，頁124。

[5]　見同上，龍氏指出「『中英夾雜語』是港澳特定
　　　社中人們 (特別是年青人) 通用的交際工具。該
　　　類詞近年大量湧現於大眾傳媒、影視界、交際場
　　　所及白領階層，原因主要出於崇尚西方文化的心

理。」

[6]　關於第二點和第三點，可參莊澤義〈香港話：最洋化的方言〉，載《中國語文通訊》第37期(1996年月3月)，頁41-45。

[7]　同上。

[8]　中國大百科全書總編輯委員《語言文字》編輯委員會編：《中國大百科全書》語言文字卷(北京：中國大百科全書出版社，1988年2月)，頁19。

[9]　許慎《說文解字》(香港：中華書局，1985年9月)，頁210上。

[10]　同上，頁274上。

[11]　鄭定歐編纂：《香港粵語詞典》（南京：江蘇教育出版社，1997年5月），頁302。

[12]　《現代漢語詞典》，頁1406。

[13] 同[9]，頁154。

[14] 同[11]，頁154。

[15] 武占坤、王勤：《現代漢語詞匯概要》(呼和浩

特：內蒙古人民出版社，1983年7月)，頁334。

「有教無類」與現代教育

　　「有教無類」語出《論語・衛靈公》。由於《論
語》是語錄體，上下文沒有連繫，容易使人有不同
的詮釋。事實上，對「有教無類」，歷來都有不一
致的理解。

　　先從古注說起，皇侃(488-545)《論語義疏》曰：
「人乃有貴賤，同宜資教，不可以其種類庶鄙而不
教之也；教之則善，本無類也。」朱熹(1130-1200)
《論語集注》曰：「人性皆善，而其類有善惡之殊
者，氣習之染也。故君子有教，則人皆可以復於善，
而不當復論其類之惡矣。」高拱(1512-1578)《問辨

錄》曰：「問『有教無類』曰：『類有善惡之殊，君子有教，則人皆可以復於善，而不當復論其類之惡。』是否？曰：非也。類是族類。言教之所施，不分族類，隨他各項之人，但知求教，即有以教之，非謂類之惡也。」[1]「類」是指對人的不同種類，在這一點上，三家並無不同，但如何分類？三家的見解就有明顯的分歧。皇侃指人貴賤不同的種類、朱熹指善惡的不同種類、高拱指種族的不同種類。[2]近人的研究，並沒有取得較為一致的看法；相反，他們對「有教無類」的解釋，仍然是眾說紛紜，莫衷一是，根據〈建國以來孔子教育思想研究情況綜述〉[3]一文，綜合為十種意見：

(一) 認為「有教無類」就是不分階級，不分富貴貧賤，實行包括奴隸在內的大眾的普及教育。

(二) 認為「有教無類」是孔子主張任何人都可以給他教育，不應受出身、成分、地區等限制。但這只是一種願望，奴隸不可能包括在教育對象之中。

(三) 認為「有教無類」是教育不分貴庶、不分族類（民族）、不分國家的廣收門徒。

(四) 認為「有教無類」指除奴隸外不分地區和政治、經濟地位都列為教育的對象。其實質意義就是要吸收平民入學。

(五) 認為「有教無類」的意思是：無論是哪種民族，都可以對他們施行教育，教他們接受夏族或周族的文化。它只不過是大夏或大周（現在所謂大漢）民族主義的同化教育思想。

(六) 認為「有教無類」的真正含義應是：對人不分族類，都施以教育。「類」是「族類」（宗族）。

（七）　認為「有教無類」就是對於教育對象沒有種類上
　　　　的選擇和歧視。

（八）　認為「有教無類」就是打破血族紐帶按地域對「全
　　　　民」施以不以啟發智慧為目的的軍事教練。

（九）　認為「有教無類」決不是「全民教育」，只是打
　　　　破宗族壁壘罷了。

（十）　認為「有教無類」就是教育不問對象。但這只是
　　　　個虛偽的口號，「無類」是假，「有類」是真。

　　　有這樣分歧的見解，是受著當時的主導思想和
政治形勢所影響。事實上，我們要正確了解古人的
言行思想，需要切實從訓詁和歷史兩方面去考察。

　　　對「有教無類」有如此分歧的看法，最關鍵的
是對「類」字的訓釋各異。《說文解字》卷十上犬
部曰：「類，種類相似，惟犬為甚。」[4]「類」本

義爲「種類相似」，段玉裁(1735-1815)《說文解字注》進一步指出：「說從犬之意也。類本謂犬相似。引伸叚借爲凡相似之偁。」[5]也就是指同一類別。因「類」字《論語》只一見，我們不可能從《論語》中找尋其它例子，與「有教無類」互相引證，不過，「類」字作「種類」解，在其它記載中是頗常見的，例如《易‧乾》：「本乎天者親上，本乎地者親下，則各從其類也。」《左傳‧成公四年》「非我族類，其心必異。」《左傳‧襄公三年》「夫唯善故能舉其類。」因此，從廣義的角度去看，把「類」理解作「種類」，應無可議。但如果我們要進一步了解孔子所說的種類的具體內容，就不得不從歷史背景和孔子的實際教學活動去考察了。

　　有關這方面，前人做了十分完備的分析，羅佐

才〈「有教無類」辨析〉指出：

> 「從孔子的教育活動來看，他是只要『自
>
> 行束脩以上，吾未嘗無誨焉』的。不論誰送
>
> 他十條乾肉作為見面禮，他都收為學生。」[6]

他又進一步指出孔子招收學生，不論他們的出身、

地域、個性，孔子施教的對象是多方面的[7]。顧洪

〈「有教無類」小議〉對孔子學生的出身逐一分析，

然後總結說：

> 「孔子學生中既有擁有很大權力財富
>
> 的貴族子弟，又有家境貧苦的平民子弟。既
>
> 有勞動者，又有商賈之人，甚至還有盜者。
>
> 孔子不論賤人、賈人、鄙家子弟，一概給予
>
> 教育，正如《呂氏春秋・勸學》所說：『故
>
> 師之教也，不爭輕重、尊卑、貧富、而爭于

道，其人苟可，其事無不可。』這正是『有

教無類』的真正內容所在。」[8]

可見孔子的弟子都是多總多樣的。

　我們再看在《論語》中有關孔子教育思想的記

載：

(一)「默而識之，學而不厭，誨人不倦，何有於我

　　哉？」(〈述而〉)

(二)「自行束脩以上，吾未嘗無誨焉。」(〈述而〉)

(三)「與其進也，不與其退也。人潔己以進，與其潔

　　也，不保其往也。」(〈述而〉)

(四)「若聖與仁，則吾豈敢！抑為之不厭，誨人不倦，

　　則可謂云爾而矣！」(〈述而〉)

(五)「孔子曰生而知之者，上也；學而知之者，次也；

　　困而學之，又其次也；困而不學，民斯為下矣。」

(〈季氏〉)

從以上的記載，我們知道孔子是充滿理想的教育家。當時王官失守，私學興起，處於這個歷史的轉折，孔子深深明白人才是國家的重要資源，而教育正是培養人才的最重要途徑。當然，從當時歷史的客觀環境來看，未必可以人人有接受教育的機會，「有教無類」並不等同於全民教育，孔子不可避免也受時代的局限，我們實不宜強求於古人，或把孔子神化。然而，可以肯定的是孔子對教育抱著開放的態度，而且提倡普及教育。

此外，近人對《論語》的注釋也反映了近代某些學者對「有教無類」的理解。茲列諸家注釋如下：

一、康有爲(1858-1927)《論語注》曰：「聖人以濟人爲事，故立教也。欲人人皆明其明德，人人皆得

為聖人，故無論類之高下智愚而皆教之，無所別

擇，收之為徒，視之猶子，此聖教所以為大也。

子張，魯之大駔，而教之為士焉；互鄉之童子，

而與其進。醫門多疾病，大匠多曲木，人雖有類，

是在教者陶鑄為一，至于無類也。類從犬，無類

者，雖眾生亦兼化之也。」[9]康氏正說明所謂「類」

是指人高下智愚的種類。

二、楊伯峻《論語譯注》把「有教無類」釋作：「人

　　人我都教育，沒有[貧富、地域等等]區別。」[10]

三、王熙元《論語通釋》曰：「無類指沒有貧富、貴

　　賤、智愚、賢不肖等任何類別。」[11]

四、徐英《論語會箋》曰：「夫子之門，其類雜矣。

　　而一教之以文行忠信，所謂無類也。」[12]

五、毛子水《論語今註今譯》把「有教無類」譯作：

「師的施教，不應以求教的人貴賤、貧富有可不
可的分別。」[13]

六、傅佩榮《論語》說：「類指社會上的各種區分，
　　如階級、地域、貧富、智愚等。」[14]

七、錢穆《論語新解》說：「人有差別，如貴賤貧富
　　智愚善惡之類。惟就教育言，則當因地因材，掖
　　而進之，感而化之，作而成之，不復有類。孔門
　　富如冉有子貢，貧如顏淵原思，孟懿子爲魯之貴
　　族，子路爲卞之野人，曾參之魯，高柴之愚，皆
　　爲高第弟子，故東郭惠子有夫子之門何其雜之疑
　　也。」[15]

八、祝鴻杰、俞忠鑫、葉斌《論語孟子注譯》把「有
　　教無類」譯作「我對人不加區分，都願意教育」。
　　[16]

九、趙聰《論語譯註》曰：「類，類別；指人之貧貴

　　賤智愚賢不肖等等差別。」[17]

事實上，以上所引各本《論語》注釋對「有教無類」

的解釋，並沒有非常嚴重的分歧。[18]起碼以上諸家

的解釋，都把「類」釋作「種類」；由此看來，孔

子提倡普及教育，應無可議。而孔子這種主張，對

面向二十一世紀的現代教育還有一定的意義。

　　以下就舉香港特區和中國大陸的教育情況來加

以說明。在香港方面，自七八年始，已經實行九年

免費教育，所謂九年免費教育，是指爲適齡學童提

供小學六年、初中三年的教育，而且是一個強制性

執行的措施。這個措施實行超過二十年，證明行之

有效。湊巧的是九年義務教育也是中國大陸教育發

展的目標，郝克明和談松華在其主編的《走向21世

紀的中國教育》中指出：「到2000年，全國基本普及九年義務教育，在佔總人口85%的地區普及九年義務教育，基本掃除青壯年文盲」[19]，通過義務教育育來提高國民的教育水平，肯定走對了方向。

　　至於高等教育，香港在九十年代以前的發展十分緩慢，據《今日香港教育》一書載：「長期以來，每年能進入大學就讀學位的學生不夠17-20歲青年總人數的4%」[20]，這是過往實行精英教育的結果；從八十年代末期開始，港府銳意發展高等教育，現在大學教育已相當普及。香港特區人口只有六百多萬，卻有八所大學：包括香港大學、香港中文大學、科技大學、理工大學、城市大學、浸會大學、嶺南大學、公開大學。其它非政府資助的大專學院還不在此列。香港現在的情況是：「接受大學教育，在

年齡17至20歲的學生中，18%有機會修讀第一年學士學位課程，另有6%有機會修讀第一年副學位課程」[21]，這個比例，相對於歐美國家，並不算太高，但比起六、七十年代已有長足的增長。至於中國大陸，高等教育也在積極發展，「高等教育走內涵發展為主的道路，適度發展。2000年，高等教育研究生和本科生在校生將達到650萬人以上，比1990年在校人數373萬人增加277萬人左右，年遞增率為5.7%，18-21周歲學齡人口毛入學率將提高8%左右……到2010年，高等學校本專科在校生達到900萬-1000萬人，18-21周歲人口毛入學率達到11-12%」[22]，可見香港特區和中國中大陸都在積極發展高等教育。

國家是否富強，國民的素質可謂舉足輕重，而

國民的素質又與教育有著莫大的關係。廿一世紀即將來臨，我們面向世界，必須提高一己的競爭能力，而教育肯定扮演一個十分重要的角色。從理論的層面去看，達到全民教育是最理想的，但客觀上還需要考慮整體的發展，例如人口增長、國家財政、畢業生就業情況等必須互相配合。不過，提高國民的教育水平應該是大原則，這對國家發展實在有百利而無一害。生在二千多年前的孔子，他提出開放和普及教育的理論，現在看起來，並沒有顯得落後，而且對現代教育還有指導性的意義。事實上，不論在香港特區或中國大陸，教育都是朝著普及化的方向發展。

華夏文化源遠流長，其中值得我們借鑑的不在少數。世紀之末，我們研究華夏文明，不單是歷史

的總結，而更重要的是當我們面向新紀元時，把華

夏文明更加發揚光大。

【注　釋】

[1]　詳參單周堯〈「有教無類」古解〉質疑〉，載《歷
　　史研究》1978年第12期，頁33。

[2]　同上。

[3]　見中央教育科學研究所教育史研究室編：《孔子
　　教育思想論文選（1949-1980）》（北京：教育
　　科學出版社，1981年），頁247-288。

[4]　丁福保 (1874—1952) 《說文解字詁林》(臺北：
　　臺灣商務印書館，1966年12月)，冊，頁4415b下。

[5]　同上，頁4416a 上。

[6]　詳參羅佐才：〈「有教無類」辨析〉載《天津師
　　大學報》1984年第2期，頁35-38。

[7]　同上。

[8]　顧洪〈「有教無類」小議〉，載曲阜師範學院孔

子研究所編《孔子教育思想論文集》(長沙：湖
南育教出版社，1985年1月)，頁305。

[9] 康有爲：《論語注》(北京：中華書局，1984年1
月)，頁244。

[10] 楊伯峻：《論語譯注》(北京：中華書局，1983
年10月)，頁170。

[11] 王熙元：《論語通釋》(臺北：臺灣學生書局，
1988年8月)，頁982。

[12] 徐英：《論語會箋》（臺北：正中書局，1980
年9月），頁235。

[13] 毛子水：《論語今註今譯》(臺北：臺灣商務印
書館，1991年2月)，頁253。

[14] 傅佩榮：《論語》(臺北：立緒文化事業有限公
司，1999年2月)，頁418。

[15] 錢穆：《論語新解》(成都：巴蜀書社，1988年10月)，頁396。又錢穆在《孔子與論語》一書中說：「孔子一個教育家，他曾說：『有教無類。』人類只要有教育，不該再有其他一切的類別。理想教育昌明了，那時世界人類，將再有國別，有種別，自然更說不上有所謂階級的分別。那將是一個大同與太平的世界，而這一世界則將由理想的教育達成之。」可與《論語新解》之說相發明。見錢氏著：《孔子與論語》(臺北：聯經出版事業公司，1975年9月)，頁97。

[16] 祝鴻杰、俞忠鑫、葉斌：《論語孟子注譯》(西安：太白文藝出版社，1997年4月)，頁147。

[17] 趙聰：《論語譯註》(香港：友聯出版社，1967年3月)，頁354。

[18] 其中也有別出新意的解釋，如金良年認爲「類」
作動詞用，爲「區分」之意。見金氏《論語譯注》
(上海：上海古籍出版社，1995年12月)，頁194。

[19] 郝克明、談松華主編：《走向21世紀的中國教育》
(貴陽：貴州教育出版社，1997年12月)，頁37。

[20] 黃浩尙、何景安：《今日香港教育》(廣東：廣
東教育出版社，1996年3月)，頁37。

[21] 《中華人民共和國香港特別行政區一九九八年施
政報告》，頁123。

[22] 同[19]。

工欲善其事，必先利其器——

讀語文工具書有感

引言

　　顧名思義，工具書是研習某一門學科的助手。如果能夠好好地利用工具書，既可以了解某學科的梗概，又可以方便查考有關資料，對初學者、研究者都有莫大的幫助。當然，最先決條件是工具書編纂得宜。因此，以下就對幾種語文工具書作一評介。除了作為分析專書的內容，亦指出編纂工具書的要

點。本文將討論語文工具書書六種，分別是：(一)、
《中國語文學家辭典》(陳高春編著，河南：河南人
民出版社，1986年3月)　(二)、《古今字小字典》(張
振宇編著，湖南：湖南人民出版社，1988年8月)
(三)、《古漢語同義辨析》(張百棟、邵祖成編著，
廣東：中山大學出版社，1988年9月)　(四)、《古漢
語常用詞通釋》(周緒全、王澄愚編著，重慶：重慶
出版社，1988年11月)　(五)、《古漢語常用字字源
字典》(達世平、沈光海編著，上海：上海書店，1989
年10月)　(六)、《漢字演變五百例》(李樂毅著，北
京：北京語言學院出版社，1992年5月)

(一)《中國語文學家辭典》

要編寫一部語文學家辭典，首先要弄清楚兩個

問題：甚麼是語文學？怎樣才稱得上語文學家？對於前者，作者在「前言」中作了詳細的交待。本書的「前言」，長達二萬多言，副題爲「語文學及其沿革」，介紹了語文學的性質、內容及其產生與發展，極爲賅括簡明，可讀性甚高。

作者認爲「語文學是我國傳統的以書面語言爲研究對象，而側重在文獻資料的考證和故訓的尋求這樣一門的總學科」（見「前言」）。具體地說，語文學包括了文字學、音韻學、訓詁學、校勘學、考據學和金石學。這是一個很廣義的界定。

至於怎樣才稱得上語文學家？作者並沒有正面討論，但從本書所收的人物去看，作者的標準定得很寬。正如他在「凡例」中說：「上自先秦，下迄明、清，凡有語文學方面的著作（不論已刊未刊，

還是今存久佚）的作者，都在本辭典收錄之列」，於是，「南宋四大家之一」的尤袤，因著《周禮辨義》一卷；元末明初的著名儒士危素，因著《爾雅略義》一卷；明代太監馮保，因著《經書音釋》一卷，皆被選入「語文學家」之列。這是否名不符實，就見仁見智了。不過，作爲一部工具書，採用「寧寬無缺」的收詞標準，使讀者容易查考到比較「冷門」的語文學家，是利多於弊的。

　　或許因爲上述的理由，本書所收錄的語文學家甚多，共1951人，在數量上超越了所有同類的著作。《辭海・語言文字分冊》有「中國語文學家」一欄，僅收74人；《中國大百科全書・語言文字卷》收90多人；《古代漢語知識辭典》收「重要的語文學家」56人；《古漢語知識辭典》收「語文學家」292人，

[1]與本書所收的數量相比，可謂望塵莫及。由此亦可說明，在其他辭書找不到的資料，也許可在本書中翻檢得到，這是專門的語文學家辭典的優點。

在內容方面，本書著重介紹語文學家的生平，並羅列他們的著作。對於極重要的語文著作，如《說文解字》，方作簡略的述說；一般的語文著作，只標其名而不加以評論。本書畢竟是一部語文學家辭典，而非語文著作辭典，故以人物生平事跡為本，是理所當然的。此外，本書最大的優點，是於大部分人物之下，列明有關其事跡的參考資料，如在「許慎」之下說：「事跡見《後漢書》卷七十九下，諸可寶《許君疑年錄說異》，陶方琦《許君年表》，《說文》卷十五下自序和許沖《上〈說文〉表》，《小學考》卷十，《許學考》卷一。」（頁16），

在「朱駿聲」之下說：「事跡見《清史稿》卷四百八十一，《清史列傳》卷六十九，《碑傳集補》卷四十，《石隱山人自定年譜》，蕭一山《清代學者著述表》。」（頁456）從以上的例子，可見作者運用的資料極為詳備，而對語文學家生平的述說，皆有據可依。這個安排，也方便讀者翻閱原始資料，作更深入的研究。

除前言和正文外，書前附辭目音序索引、辭目筆劃索引、異名筆劃索引、中國語文學著作筆劃索引和主要參考書目。方便翻檢之餘，也提高了本書的參考價值。

讀了本書，初學者便能了解中國語文學發展的梗概；對語文研究者來說，可視本書為查考人物生卒年和事跡的工具書。這就是本書有價值的地方。

(二) 《古今字小字典》

自漢代以後，訓詁學家注意到經籍中出現古今字、通假字、異體字等問題，但對古今字並沒有清楚地加以界定。及至清代，很多學者都對古今字有所論述，段玉裁(1735-1815)、王筠(1784-1854)、徐灝(?-?)是其中的表表者。本書作者在前人研究的基礎上，對古今字作了非常清楚的的界定。他說：「我們把古今字的範圍規定爲在某種意義上先後產生的字形不同但又有聯繫的字。先產生的爲古字，後產生的爲今字。」(見「前言」)作者心目中的古今字，其實相等於王筠在《說文釋例》中所說的分別文[2]。

關於古今字的界說，現今學術界有不同的意見。《中國大百科全書‧語言文字卷》對古今字有

下列的解釋：

> 「指同表某一字義而古今用字有異的漢
> 字。古今字分兩類：甲類等義的；即古字與
> 今字字義完全相同，如凷/塊、灋/法、埜/野、
> 歠/飲、梖/栲等。乙類不等義的，即古字與今
> 字字義不完全相同，如莫/暮、景/影、辟/避
> 等。」[3]

這裏除了分別文（乙類），也把一部分異體字（甲
類）歸入古今字的範圍。此外，有些學者把通假借
字和古今字混在一起，我認爲這些分類失之過寬，
反不如本書作者的劃分淸晰。事實上，與作者持同
一意見的學者大不乏人，如經本植著的《古漢語文
字學知識》、王筑民和孫慶甫合著的《古漢語文字
音韵訓詁常識》、向熹主編的《古代漢語知識辭典》、

賈延柱編著的《常用古今字通假字字典》、羅邦柱
編著的《常用古今字通假字字典》，都對古今字有
所闡釋[4]，而他們的看法俱與本書作者一致。平心
而論，把古今字獨立起來，使它與通假字、異體字
涇渭分明，互不相混，對學術研究是有好處的。

　　本書作為一部字典，只有前言、目錄、正文和
音序四部分，而沒有凡例，未免美中不足，以下對
本書凡例略作說明。本書共收古今字204組，按漢語
拼音次序編排。每組古今字的分析，大致可分為三
部分：第一，分析字的本義，這方面主要根據《說
文解字》，也有引用甲骨文和金文的資料，然後再
從古籍中援引例證。第二，列出所有由本義孳乳轉
化而來的引申義、假借義，於每項之下，引例以證
其說。第三，標出今字並從字形和字義方面說明今

字來源。綜觀全書，就是根據這些凡例編成的，綱
舉目張，顯得有條不紊，明確清晰。

　　我認爲本書還有可以改善的地方。本書雖名爲
「小字典」，但所收的古今字也確實少了一些，未
必能滿足讀者的需要。像全/痊、尼/昵、梁/樑等都
是古籍中常見古今字，本書沒有收入，是沒有道理
的。這方面的例子委實太多，不煩殫舉。雖然如此，
本書在推動古漢語和漢字的研究上，肯定是有貢獻
的。

(三)《古漢語常見同義詞辨析》

　　《古漢語常見同義詞辨析》是一部辨析古代漢
語常見同義詞的著作，而所謂「同義詞」，包括了
等義詞和近義詞。編者以王力(1900-1986)先生主編

的《古代漢語》和北京大學中文系漢語專業師生等
編的《古漢常用字字典》作主要的參考資料，從中
選錄同義詞340組，661個。於每組之下，編者都從
古代文獻中找出例子，並附以語譯，然後再用精簡
淺暢的文字來加以辨析，綱領甚為清晰。

根據蔣善國先生的研究，同義字（詞）的產生
有三個原因：一、由於時間和空間的不同；二、由
於詞義的發展和擴大；三、由於運用的場合不同[5]。
其中第一和第二點透露了一個消息：語言是不斷演
變和發展的。儘管古代漢語和現代漢語在詞匯和語
法上都有很大的分歧，可是它們之間還是有不可分
割的聯繫。現代漢語既從古漢語中演化而來，對於
經常接觸現代漢語的而少接觸古代漢語的人來說，
閱讀古人的文章時，往往感到困難重重，異常吃力，

其中一個主要的原因是他們對古漢語的詞匯缺乏認識。在現代漢語詞匯中，大部分是複合詞，如「美麗」、「覺悟」、「貧窮」等，每個雙音詞代表一項意義，但在古漢語中，「美」與「麗」、「覺」與「悟」、「貧」與「窮」各自成詞，意義並不等同，例如「『美』和『麗』在『美麗、華美』的意義上是同義詞。但『麗』應用範圍比較狹，多表示具體的事物，而且只限於衣飾、宮室、器皿、容貌和顏色等視覺所能及的方面。『美』就不同，各種感官所及的方面，都可以用『美』來表示，既可以用於具體事物，也可以用於抽象的事物，應用範圍較廣。」(頁88)如果不能辨淸它們之間的微細分別，閱讀古文時便會產生阻礙。本書的編寫，便是針對這一問題；它對提高文言文閱讀水平，起著積極性

的作用。

　　本書在辨析同義詞時，採取以下幾種方式：第一、指出它們相同之處。如「『夭』、『殤』都有短命、早死的意思」（頁13）、「『恭』與『敬』是同義詞。都是表示對人尊敬，有禮貌」(頁112)。第二、指出它們相異之處，仍舊用以上兩對同義詞為例，「年少而死叫『夭』，青年而死叫『殤』。『夭』可以代替『殤』，『殤』不能代替『夭』」（頁13）、「『恭』著重在外表方面；『敬』側重在內心方面。『敬』的意義比『恭』更廣泛，往往指嚴肅對待自己」（頁112）。以上兩種是最常用方式，但也偶爾從詞義演變的角度著眼，如辨析「帝、王、皇」一組同義時，編者便闡明它們由殷商時代至秦以後的變化（頁90），又如辨析「偶、耦」一

對同義詞時，更言及二者的本義和引伸義（頁134），
務求使說解清楚明白。

　　本書的缺點，詹伯慧教授在「序言」中已經指
出來。第一，是「比較著力突出重點而相對地忽略
了義項的完整」（頁2）。雖然編者在〈凡例〉中已
明言辨析重在分辨其相同、相似或明顯差異之處，
沒有涉及詞的全部意義，但正如詹教授所說：「如
果能適當讓讀者比較完整地認識書中所列詞目的詞
義，這就不但能給讀者以更多的知識，而且還會有
助於使辨析的工作更加深入更加細緻，因爲義項之
間往往是有聯繫的，列舉的義項太少的話，勢必影
響對同義詞的全面辨析的工作」，詹教授的看法是
極有道理的，好像在「首」和「頭」一對同義詞之
下，編者只說：「首、頭二字在『頭』的意義上是

等義詞。」（頁89）其實，「首」和「頭」在古漢語中還可以同時解作「始也」、「陽也」，本書沒有提及，就是因爲所舉義項太少，此外，編者如果能再說明一下「首」和「頭」在應用方面的差異，對讀者也是有幫助的。第二、在正文中，沒有把某些難字僻字注上拼音。此外，對於那些音同、音近通假的同義詞（如「伯、霸」、「住、駐」、「偶、耦」等），最好加列古音，因爲這將有助讀者理解詞義。除了以上兩點，本書的選詞也有一些問題，諸如「弔」跟「唁」、「顏」跟「色」、「矛」跟「盾」、「江」跟「河」，意義各異，把它們視作同義詞，是值得商榷的。

　本書可作爲一部研習古漢語的輔助性書籍，對初學者應該是有用的。

(四)《古漢語常用詞通釋》

《古漢語常用詞通釋》共收單音詞一千六百九十多個，每字之下，詳列本義、引申義、假借義，對詞義的解釋，堪稱透徹深入。

清人朱駿聲(1788-1858)對本義、引申義、假借義的研究，有很大的貢獻；他所寫的《說文通訓定聲》就是一部全面探討詞義的專著。不過，正如劉又辛在本書《序言》中說：「這部書(《說文通訓定聲》)一般人也不易使用」；此外，齊佩瑢在《訓詁學概論》中也說：「《通訓》雖取以爲資而欲通轉乎一字數訓之間，但亦未能稱善，此所以有重新改編《通訓》之必要也」[6]。本書是在《說文通訓定聲》的基礎上，「重新改編」，以迎合一般讀者需

要的著作。

　　向夏先生在《漢字的引伸和假借義》[7]一文中
指出：「《康熙字典》和《辭海》，把每個字或詞
的本義、引伸義、假借義混雜排在一起」，其實，
即使較近期出版的古漢語字典，如《古漢語常用字
字典》[8]、《簡明古漢字典》[9]等，都同樣地犯了這個
毛病。它們只在詞目下羅列各項詞義，至於哪個是
引申義，哪個是假借義，讀者往往難以分辨。本書
針對了這一問題，編排上比以前的字典有所改善。

　　首先，本書在闡釋詞義時，明言某詞義是本義、
引申義、抑或是假借義。其次，引申義與本義的關
係，編者都用簡單淺白的語言作交代。如「保」的
保義是養育、撫養，由本義派生出來的引申義，編
者作了以下的解釋：「既然要養育，就會加以保護，

因此引申爲保護」，「保護的結果就可以保住，故由保護引申爲負責、擔保」（頁7），引申義與本義的聯繫，可以相當直接，但也可以比較間接，但在編者的解釋後，讀者都能一目了然。此外，於每個詞目之下的圖表，很能夠幫助讀者理解詞義，下引「修」字爲例：

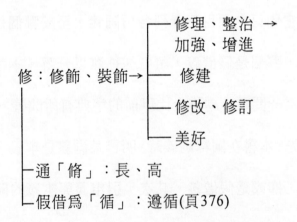

以「→」表示引申義；以「—」表示假借義，綱舉目張，讀者可收按圖索驥之效。

　　本書的優點，還表現在對本義的闡釋之上。本

義是解說多義詞的樞紐，正確認識本義，便能執簡

馭繁，對理解其他義項，往往事半功倍。本書闡釋

本義，以《說文》作爲主要的根據；然而，當《說

文》的解說過於簡略，或有欠清晰時，編者又援引

其他學者的研究成果，作補充說明。如於「履」下

引《段注》：「古曰履，今曰鞋，名之隨時不同者

也。」（頁240）於「奉」下引張舜徽(1911-1992)

《說文解字約注》：「古無輕脣音，奉字古讀如捧，

即捧字也。後人失其讀，因別造捧字耳，奉已从手，

乃復旁加手旁。」（頁97）對各家的解說，擇善而

從，對讀者很有啓導的作用。

　　此外，編者雖然多以《說文》爲據，但卻不盲

從許。如許慎釋「爲」爲「母猴也。其爲禽好爪。

爪，母猴象也；下腹爲猴形」，編者引羅振玉
(1866-1940)說，指「爲」字「卜辭作手牽象形」（頁
351）；又《說文》釋「天」爲「顚也。至高無上，
从一大」，編者引陳柱、徐灝之說，指「天的本義
是人的頭頂」（頁342）。由以上例子可見，編者必
定對詞義作過認真的考核；對資料作過精心的舖
排，才能有這樣中肯的結論。

　　編者自言「見到古文字研究資料不多」（本書
《說明》），不過是自謙之辭。因爲本書也常利用
甲文、金文的研究成果。雖然如此，有幾點是可以
補充一下的。編者釋「對」，引《說文》：「䇂無
方也。从丵，从寸」，並得出「本義是回答提問」
（頁80）的結論。這個結論並不可信。章太炎
(1868-1938)《小斅荅問》」第11條：

「問曰：『《說文》：「對，應無方也。
从丵，从口，从寸。」丵訓叢生艸，對字
从此，何誼？』答曰：『漢文帝改對為對，
从士，古彝器已然，恐對、對本二字，古
文叚糌，則以對為對爾。對當為艸木棽儷
之誼。』《後漢書‧馬融傳》：「豐彤對
蔚。」章懷大子曰：「皆林木貌也。」《高
唐賦》：「對兮若松榯。」李善曰：「對，
茂貌。」《廣雅》：「對，對茂也。」古
字當祇作對。《易象傳》：「先王以茂對，
時育萬物。」茂、對同誼，時讀為播時百
穀之時，本糌為蒔。蒔、育誼亦近，謂時
育萬物也。虞仲翔言艮為對時，侯果言對
播而育，文皆詰詘，不可通，故知對必訓

茂，从屮之誼由是可通。从士者，當為土字，

从土，从寸，與封同意……」[10]

「對」字甲骨文作 𡴭（甲七四０）、𡴭（前四、三

六、四)、𡴭（林二、二五、一０)、𡴭（佚六五七)、

𡴭（清暉一四八）[11]，金文作 𡴭（令鼎)、𡴭（靜

簋)、𡴭（毛公厝鼎)、𡴭（趞鼎)、𡴭（召伯簋)等[12]，

從形體看來，像種植草木，使其生長之貌，故章氏

之說可從。此外，編者認爲「皇」字本義是大、偉

大（頁350）。但通過古文字的考釋，我們相信「皇」

字象冠冕形，「王」字象斧鉞形[13]。編者所說的，

是引申義罷了。

以上所提到的，只是白璧微瑕而已。整體上看，

《古漢語常用詞通釋》是一部編寫得相當好的辭

書。它很富實用性，值得向大家推薦。

(五)《古漢語常用字字源字典》

本書在收字和編排方面，皆以《古漢語常用字字典》[14]爲據。不過，《古漢語常用字字典》的重點在分析字義（本義、引申義、假借義），而本書則旨在深究字源，二書的編寫目的有所不同。

「所謂『字源』，也就是指從漢字形、音、義三個方面去追溯源頭，盡可能指出它們最早的形體、讀音及意義。」（見「前言」）編者在每字之下，首先列出我們所看到的最早字形，然後略作說明，並由此釋其本義，最後標列《廣韻》的反切、直音、韵部和漢語拼音。

編撰字源字典，是一個很好的構思。漢字發展的初期，以象形文字爲主；分析文字最早的形體結構，對理解本義，有莫大的幫助。而本義是說明字

義的樞紐，要全面探究字義，認識本義是第一步。
此外，標列古今音，除了使讀者正確地掌握讀音外，
也爲解釋形聲字、假借字，提供了有用的資料。儘
管如此，本書的編排和內容，似仍有可改進的地方。

　　在標音方面，本書只列中古音和漢語拼音，上
古音卻付闕如。這是有所不足的。作爲一部字源字
典，也名實不符。作者所持的理由是：「漢字更早
的讀音尙無足夠的證據。」（見「凡例」）不能否
認，學術界對上古音的擬測，還沒有完全一致的意
見，但已達到了「大同小異」，那就是說，上古音
的系統，基本上已整理出來。已經出版供翻查上古
音的著作，就有唐作藩的《上古音手冊》[15]和郭錫
良的《漢字古音手冊》[16]。追源溯源，指出漢字的
最早讀音，是本書編纂目的之一，況且本書所收的

字，大多出現在中古之前，因此，標注上古音，其
實也順理成章。

　　本書有引用古文字的研究成果，例如釋「士」
字，引郭沫若(1892-1978)的看法：「象男性外生殖
器」（頁116）；又如釋「肄」字，引于省吾(1896-
1984)的意見：「用手刷洗希的毫毛」（頁244）。
然而，美中不足的，是編者並沒有說明這些說法引
自哪一本書，或哪一篇文章。如果者能指出郭說出
於〈釋祖妣〉[17]、于說出於〈釋叔發〉[18]，讀者便
能翻查原書，深入了解郭、于二人的分析。此外，
有時編者引用了前人的意見，卻完全沒有注明出
處。例如釋「茲」字，列甲骨文「𢆶」，並說：「象
絲縞形。」（頁119）此說見於李孝定《甲骨文字集
釋》[19]。又如釋「棄」字，列甲骨文「𣆉」，並說：

「『﹍』象左右兩手，『﹍』即『其』，是『箕』
的古字，『﹍』即『子』。合起來指將嬰兒放在簸
箕中扔去。」（頁201）又如釋「爲」字，列甲骨文
「﹍」，並說：「指用手牽象，使象幫助幹活。」
（頁235）二說並出於羅振玉《殷虛書契考釋》[20]。
這些情況，似宜把出處清楚說明。

　　此外，本書闡釋字形、字義，有可商之處，茲
就所見，舉一些例子來說明。

　　（一）兩　﹍　（金）象二物相合。成雙。良獎
切，養韵，liǎng。（頁6）

　　按：于省吾〈釋兩〉一文[21]，指出兩、﹍本爲
一字。于氏又引「車」字的甲骨文、金文，與及出
土的車馬，考證出「車有兩軛故稱爲兩」，而作「成
對之物」解，乃引申義。于說考證甚詳，可從。

（二）叔 ![叔字金文] （金）又形尗聲。拾取。式竹切，音淑，屋韵，shu。（頁56）

按：《說文》卷三下又部：「![叔字篆文]，拾也。从又尗聲。汝南名收芋爲叔。![叔字異體]，或从寸。」[22]「叔」字金文寫作 ![金文1]（師㝅簋）、![金文2]（吳方彝）、![金文3]（克鼎）、![金文4]（叔卣）[23]，根據金文的形體，高田忠周(1881-?)認爲「叔」字的本義是拾菽[24]，郭沫若認爲「叔」字是从又持弋杖以掘芋[25]，朱芳圃(1897-?)認爲「叔」象手從上中拔出木弋之形[26]。可見「拾取」應該是引申義而已。

（三）王 ![王字甲文] （甲）羅君惕：火上會意。「二」即「上」的古體。合起來指火往上。「旺」本字。火旺。小篆作「![王字小篆]」。于放切，音旺，漾韵，wáng。（頁192）

　　按：關於「王」字的本義，眾說紛紜[27]，編者
採用羅氏的意見，似乎不是一個很好的選擇。「王」
字甲骨文或作 ⚊ (乙七〇六四)、⚊ (乙七七九五)等
[28]，上半部不從「二」，下半部也不象火形，羅說
甚爲可疑。

　　（四）朱 ⚊ （甲）木中加 • 指事。「株」本
字。露出地面的樹根。章俱切，音株，虞韵，zhū。
（頁196）

　　按：「朱」爲「株」的本字，其說甚當，但編
者認爲「朱」象露出地面的樹根，則不足信。「木」
字甲骨文作 ⚊（甲六〇〇）、⚊(乙四三〇九)、⚊ (明
藏四四二)、⚊ (京都二五二〇)[29]，金文作 ⚊ (父辛
爵)、⚊ (木工鼎)、⚊ (舀鼎)、⚊ (散盤)等形[30]，
上象樹身，下象樹根，是整棵樹的象形。「朱」字

於「木」中加一點，作指事符號，義當爲樹幹。「本」、「末」二字與「朱」字構形相類，可互相參證。

（五）白　⊖　（甲）朱駿聲：象太陽初生發出微光。東方發白、日光。傍陌切，音帛，陌韵，bái。部首字。凡取此字爲義的形聲、會意等字，其意義多與光亮、白色等有關。（頁273）

按：朱氏根據篆形釋義，不足取信。郭沫若通過古文字形體和音理兩方面考察，認爲「白」實象拇指之形[31]，其說較長。

（六）繇　𦅾　（金）「𗘉」即「言」，大篆作「𦅾」，本作「繇」，俗作「繇」，許慎：系形䚴聲。隨從。金文中多用作語氣詞。餘昭切，音遙，蕭韵，yáo。（頁302）。

按：曾憲通〈說繇〉一文[32]，考察了先秦古文

字和文獻，認爲「緣」非从系，肉聲，而象獸形爲
「𦥔」之古文。

（七）豐 𧯆 （甲）豆珏會意。「珏」象兩串
玉，合起來指豆中裝滿玉。「豊」、「豐」古同字。
禮器豐滿。敷戎切，音酆，東韵，fēn。（頁305）

按：林澐〈豊、豐辨〉一文[33]提出了新穎的見
解。他認爲二字非从豆而从壴，「豊」的上半部从珏，
象玉形；「豐」的上半部从丰，以擊鼓之聲蓬蓬然，
以丰爲聲符。「豐」「豊」本二字。

（八）鮮 𩶃 （金）魚形 （省去「𦍌」）聲。
鮮魚、活魚。相然切，音仙，先韵，xiān。（頁320）

按：《說文》卷十一下魚部：「𩶃，魚名，出
貉國。从魚，𦍌省聲。」[34]《段注》：「按：此
乃魚名，經傳乃叚爲新鱻字，又叚爲尟少字而本義

廢矣。」[35]編者釋「鮮」爲活魚，誤甚。

（九）食 🔸（甲）口皀會意。「𠆢」是「口」的變形，「𠃜」即「皀」，是「簋」的古字，象豆一類裝食物的餐具。合起來指進餐、食物。乘力切，音蝕，職韵，shi。（頁323）

按：「食」字甲骨文作 🔸（甲一二八九）、🔸（甲一六六〇）、🔸（佚四四三)等形[36]，金文作 🔸（仲義𠭯簋)[37]，並不从口會意。戴家祥〈釋皀〉說：「金文作🔸，上象器之蓋形，下形與𠁣字相似，卜辭作🔸，下形則與豆字古文相似，是古器物之形明矣。」[38]「食」字實象有蓋食器之形。

類似可商之處甚多，限於篇幅，不再一一列舉了。

總括而言，本書未能就古文字的研究成果擇善而從，編纂方面也未見嚴謹，不能算是一部很成功

的字源字典，不過，鑑於「國內至今尚無簡明、通俗和實用的『字源字典』」（見「前言」），本書的出版，還有一定意義。

(六)　《漢字演變五百例》

　　《漢字演變五百例》是一部介紹漢字發展的基礎書籍，也是一部學習漢字的工具書。根據作者在〈前言〉中說：「本書的編寫是爲了使具有一般文化水平的讀者了解漢字發展演變情況，從而加深對中國傳統文化的認識。」因此，作者不從理論層面出發，詳細闡述漢字的源流和發展；而從最基本的字形入手，選取常用漢字五百個，然後逐一介紹它們的形體演變。作者的具體做法，是列出每字的甲骨文、金文、小篆、隸書、楷書、草書、行書的寫

法，再用生動的圖畫，簡短的文字來加以說明。這
種方法簡單直接，避開了沉悶的文字敘述，而造字
的方法、字體的演變都一目了然，實在是十分有效。

　　作為一部普及性、知識性的漢字讀物，本書的
安排可謂恰如其份，不過有些小地方，似還可以改
善。

　　第一、作者自言「本書對字源的解釋，多以文
字學家有公認的定論為準；也有採用或參考某一家
之言的；還有作者自己一得之見」（〈前言〉）。
「一家之言」、「一得之見」，從探討學術的角度
來看，固然難能可貴，但放在一本普及性的漢字讀
物中，卻未必恰當。例如作者認為「白」是燭火的
形狀（頁3）、「帝」像祭台之形（頁61）、「史」
像手握弓鑽（頁305）；而事實上，文字學家對以上

各字的解說，眾說紛紜[39]。遇上這種情況，我認為最理想的做法是排列眾說，因為這樣既能啟發初學者的思考，更可免去他們有先入為主之弊。

第二、本書有些地方欠缺一致性。本書除介紹本義外，兼及引申義、假借義，這對讀者了解字義的變化，很有幫助，例如作者解釋「北」字時說：「古文的字形是兩個人背靠站著。『北』字被假借為表示『北方』義以後，就另造『背』字。」（頁9）；解釋「比」字時說：「本義是『並列』如《尚書》：『稱爾戈，比爾干，立爾矛』。引申為『緊靠』，如唐朝王勃詩句『海內存知己，天涯若比鄰』。」（頁11）以上的解說，清楚明確。再看看作者對「赤」的解釋：「……本義是『紅色』。又有『空淨無物』義，如『赤手』、『赤貧』；又有『純淨』、『專

誠』義，如『赤金』、『赤膽』；還有『裸露』義，如『赤膊』等。」（頁39）就沒有指出本義與其它意義的關係，也沒有徵引例子來加以說明，實在是美中不足，而且顯出作者的處理手法前後不一。

第三、甲骨文、金文、小篆、隸書、楷書、草書、行書，無疑是漢字演變的最重要的幾個階段，但本書其中一個選字原則是必須七體皆全，則似乎沒有必要。我們今天常用的漢字，未必能找到甲骨文、金文等較古的寫法，因此棄而不錄，有違普及文化的目的。

以上所提及的，僅大醇小疵而已。整體來說，本書具有簡潔明確、淺白生動的特點，是一部成功的漢字學的入門書籍。對初學者而言，有極大的裨益。

小結

　　以上就幾本內容不同的語文工具書，提出了個
人的意見。與此同時，歸納編纂語文具工書的要點
如下：第一、清楚界定範圍；第二、認清讀者對象；
第三、具清晰的「說明」或「凡例」；第四、盡量
包容最多的資料和不同的說法；第五、引文及引前
說宜註明出處。工具書的編纂，不外爲讀者提供翻
檢的方便，因此，這些要點似乎又不局限於語文工
具書，相信對編纂其他類型的工具書，也可以有參
考的價值。

【注　釋】

[1] 參《辭海》編輯委員會編：《辭海・語言文字分
　　冊》（上海：上海人民出版社，1978年4月）、
　　中國大百科全書總編輯委員會《語言文字》編輯
　　委員會編：《中國大百科全書・語言文字卷》（北
　　京：中國大百科全書出版社，1988年2月）、向
　　熹：《古代漢語知識辭典》（四川：四川人民出
　　版社，1988年7月）、羅邦柱：《古漢語知識辭
　　典》（武昌：武漢大學出版社，1988年11月）

[2] 王筠《說文釋例》卷8：「字有不須偏旁而義已
　　足者，則其偏旁爲後人遞加也。其加偏旁而義遂
　　異者，是爲分別文。」

[3] 見《中國大百科全書語言文字卷》，頁97。

[4] 詳參經本植：《古漢語文字學知識》（四川：四

川人出版社，1987年10月），頁134-148；王☆民、孫慶甫：《古漢語文字音韻訓詁常識》（貴州：貴州人民出版社，1987年10月），頁39-43；向熹《古代漢語知識辭典》（四川：四川人民出版社，1988年7月），頁236-237；賈延柱《常用古今字通假字字典》，頁480-517；羅邦柱《古漢語知識辭典》（武昌：武漢大學出版社，1988年11月），頁25。

[5]　見蔣善國著：《漢字學》(上海：上海教育出版社，1987年8月)，頁103-105。

[6]　齊佩瑢著：《訓詁學概論》（北京：中華書局，1984年5月)，頁87。

[7]　見《抖擻》第5期，(1974年9月)，頁18-26。

[8]　《古漢語常用字字典》編寫組編寫：《古漢語常

用字字典》(北京：商務印書館，1979年9月)

[9] 張永言、杜仲陵、向熹、經本植、羅憲華、嚴廷
德編：《簡明古漢語字典》(四川：四川人民出版
社，1986年8月)。

[10] 見《章氏叢書》(臺北：世界書局，1958年7月)，
上冊，頁99。

[11] 見中國科學院考古研究所編輯：《甲骨文編》(香
港：中華書局，1978年2月)，頁99。

[12] 見容庚編著：《金文編》(北京：中華書局，1985
年7月)，頁155-157。

[13] 參單周堯：〈說「皇」〉和〈「王」字本義平議〉
二文，分別載於《古文字研究》第十輯，(1983
年7月)，頁70-77；和《東方—馬蒙教授榮休紀念
專號》，(1982年6 月)，頁63-70。

[14] 《古漢語常用字字典》編寫組編：《古漢語常用
字字典》（北京：商務印書館，1986年6月）。

[15] 唐作藩編者：《上古音手冊》（南京：江蘇人民
出版社，1982年9月）。

[16] 郭錫良編著：《漢字古音手冊》（北京：北京大
學出版社，1986年11月）。

[17] 郭沫若：〈釋祖妣〉（載郭著《甲骨文字研究》
[香港：中華書局，1976年5月]，頁15-60）。

[18] 于省吾：〈釋叔叕〉(載于著《殷契駢枝全編》[臺
北：藝文印書館，1975年11月])，頁101-105。

[19] 李孝定編述：《甲骨文字集釋》（臺北：中央研
究院歷史語言研究所，1982年6月），頁209。

[20] 見羅振玉著：《殷虛書契考釋》（臺北：藝文印
書館，1975年11月），卷中，頁30b、47b。

[21] 見《古文字研究》第十輯（1983年7月），頁1-9。

[22] 許慎編撰、徐鉉校定：《說文解字》（香港：中華書局，1985年9月），頁64下。

[23] 容庚編著：《金文編》（北京：中華書局，1985年7月），頁191下。

[24] 見高田忠周纂述：《古籀篇》（臺北：宏業書局有限公司，1975年5月），頁1439。

[25] 見郭沫若著：《兩周金文辭大系圖錄考釋》（北京：中國科學院考古研究所，1957年12月），頁75。

[26] 見朱芳圃著：《殷周文字釋叢》（北京：中華書局，1962年11月），頁76-77。

[27] 詳參單周堯：〈「王」字本義平議〉，載《東方—馬蒙教授榮休紀念專號》，1982年6月，頁63-

70）。

[28]　《甲骨文編》，頁15。

[29]　同上，頁259。

[30]　《金文編》，頁389。

[31]　郭沫若著：《金文叢考》（北京：人民出版社，
　　　　1954年6月），頁181-182。

[32]　見《古文字研究》第十輯（1983年7月），頁23-
　　　　36。

[33]　見《古文字研究》第十二輯（1985年10月），頁
　　　　181-186。

[34]　《說文解字》，頁244下。

[35]　段玉裁著：《說文解字注》（臺北：黎明文化事
　　　　業有限公司，1980年10月），頁585上。

[36]　《甲骨文編》，頁237。

[37] 《金文編》，頁356。

[38] 戴文載《國學論叢》，第1卷，第4號（1928年10月），頁13-19。

[39] 關於「白」、「帝」、「史」的解釋，可詳參李孝定編著：《甲骨文字集釋》，頁2595-2598、頁25-31、頁953-970。